新能源与智能网联汽车维修技术彩色图解丛书

新能源汽车故障诊断技巧彩色图解

下册 诊断篇

主 编 刘朝丰 陈保山
副主编 魏秉国 逯云杰 朱杰 顾小冬

本书以新能源汽车故障诊断检修为主线，深度分析了无法充电、上电失败、通信异常、预充失败、驱动系统过电流/限功率、绝缘故障、低压充电异常、空调系统工作异常、动力电池单体压差偏大、热管理系统失效、动力电池信号采样异常等故障原因，并结合实际案例给出了诊断思路和检修技巧。

本书的特点是根据各系统的底层控制原理，结合实战维修案例，配合彩色图片，把诊断思路和检测方法、技巧展现给读者，让读者掌握整车控制逻辑，进而理解诊断思路、检测方法，快速学会新能源汽车故障的诊断检修技巧。

本书内容丰富，图文并茂，通俗易懂，适用于想进一步学习新能源汽车故障诊断检修的修理工，也适用于遇到技术瓶颈需要转型升级提升排除故障能力的技师，同时可作为新能源汽车培训机构以及职业院校新能源汽车维修、汽车电子技术、汽车技术服务等专业学生的学习培训教材。

图书在版编目（CIP）数据

新能源汽车故障诊断技巧彩色图解. 下册, 诊断篇/刘朝丰, 陈保山主编. —北京：机械工业出版社, 2021.1（2022.7重印）

（新能源与智能网联汽车维修技术彩色图解丛书）

ISBN 978-7-111-68214-1

Ⅰ. ①新… Ⅱ. ①刘… ②陈… Ⅲ. ①新能源-汽车-车辆修理-图解 Ⅳ. ①U469.707-64

中国版本图书馆 CIP 数据核字（2021）第 088153 号

机械工业出版社（北京市百万庄大街22号 邮政编码100037）

策划编辑：齐福江　　责任编辑：齐福江
责任校对：肖　琳　　封面设计：王　旭
责任印制：李　昂

北京捷迅佳彩印刷有限公司印刷

2022年7月第1版第2次印刷
184mm×260mm·10.5印张·256千字
标准书号：ISBN 978-7-111-68214-1
定价：128.00元

电话服务　　　　　　　　　网络服务
客服电话：010-88361066　　机　工　官　网：www.cmpbook.com
　　　　　010-88379833　　机　工　官　博：weibo.com/cmp1952
　　　　　010-68326294　　金　书　网：www.golden-book.com
封底无防伪标均为盗版　　机工教育服务网：www.cmpedu.com

前　言

新能源汽车产业已经成为世界汽车行业所公认的未来发展趋势，世界各大汽车厂商都在加速新能源汽车研发，抢占市场。在国家及地方政府政策的支持下，我国新能源汽车也实现了产业化和规模化的飞跃式发展，国家推出的新基建项目，七大项中有两项深度涉及新能源汽车产业，特别是投入巨资建设汽车充电桩项目，解决了车主的充电痛点，汽车的新能源时代已经全面来临。作为一名汽车维修技师，原来掌握的传统燃油汽车维修技术已无法解决新能源汽车的问题，要想继续从事汽车维修工作，就必须面对新能源汽车维修技术这个难题，在这当中，故障诊断更是难题中的难题。

针对这种情况，我们把多年的学习成果、新能源汽车一线维修实战经验、线上线下新能源汽车维修技术培训心得等总结出来，结合目前修理工急需的故障诊断技术，编写了《新能源汽车故障诊断技巧彩色图解》系列图书，分为"上册基础篇"和"下册诊断篇"。本系列图书从新能源汽车结构及控制原理逻辑讲起，这是故障诊断的基础，是必备知识，因为只有知结构、懂原理，才能谈得上分析诊断故障。通过对系统结构的分解，对控制逻辑的深度讲解，对大量车型各系统容易出现的故障原因分析，来诠释故障分析的思路、故障诊断的方法及故障检测的技巧。

"上册基础篇"分为9章，主要内容有新能源汽车维修工具的使用与安全操作流程、动力电池及管理系统基础知识、整车控制器的控制策略及低压上电与唤醒、高压系统组成与高压配电系统、电动汽车/混合动力汽车充电系统与能量回收技术、驱动系统及其冷却方式、电动汽车/混合动力汽车空调系统、高压互锁监控与绝缘检测系统、辅助控制系统与车载CAN网络等，全面讲解了新能源汽车故障诊断的必备知识。

"下册诊断篇"，分为5章，主要内容有无法上电及异常下电故障诊断与检修、驱动系统故障诊断与检修、充电系统故障诊断与检修、动力电池常见故障诊断与检修、空调系统故障诊断与检修等，深度剖析了故障产生的深层因素，结合多款车型的常见案例，讲解诊断思路以及检测方法与技巧。

这些知识、技能都是一线维修实战经验的总结，因此实用性很强，一般维修技师通过阅读本系列图书，能很快掌握诊断方法、检测技巧，并能运用到实际维修中，排除纯电动汽车、混合动力汽车的各种故障，快速成长为新能源汽车维修能手。

本系列图书能让初学者快速入门，进入新能源汽车维修的技术殿堂，成为知结构、懂原理、会分析、能诊断的维修技师；也可以给工作多年的维修技师技术转型升级提供有力的帮助，使技术能更上一层楼；还可以作为职业院校教材，培养出更多更好的汽车维修服务人才。

本书由刘朝丰、陈保山任主编，魏秉国、逯云杰、朱杰、顾小冬任副主编，参编人员有陈百强、姚美红、秦志刚。本书由孙侠审稿。

由于时间仓促，书中定有不当之处，恳请广大读者批评指正。

刘朝丰

目 录

前言

第一章 无法上电及异常下电故障诊断与检修

第一节	高压上电流程与上电条件分析	...002
第二节	预充失败故障诊断精华与案例分析	...005
	一、比亚迪唐车型预充失败案例分析	...005
	二、奔驰 S400 混合动力车型预充失败诊断案例	...008
	三、比亚迪 e2 预充失败案例	...010
	四、诊断分析总结	...013
第三节	绝缘（漏电）故障诊断与案例分析	...015
	一、长安新能源 CS15 绝缘故障	...015
	二、绝缘故障诊断精华分解	...017
	三、2017 款秦 DM 绝缘故障诊断案例分析	...022
	四、帝豪 EV450 绝缘故障导致车辆无法上电	...026
第四节	动力电池故障导致上电失败诊断检修技巧	...032
	一、概述	...032
	二、比亚迪元 EV360（EB 款）无法上高压电故障	...032
	三、分布式动力电池管理系统的故障模式诊断分析	...036
第五节	互锁监控系统导致上电失败诊断检修技巧	...037
	一、概述	...037
	二、全新一代唐 DM 车型 EV 功能受限（互锁故障诊断）	...037
	三、帝豪 EV450 故障案例	...039
	四、高压互锁监控电路诊断技巧	...041
第六节	接触器烧结导致上电失败诊断检修技巧	...043
	一、概述	...043
	二、实战案例：比亚迪 e6 主接触器内部触点烧蚀	...044
	三、比亚迪元 EV360 接触器烧结诊断技巧	...046
第七节	过温导致上电失败诊断检修技巧	...049
	一、概述	...049
	二、实战案例	...049
	三、精华诊断分析	...051
第八节	唤醒信号导致无法上电/异常下电诊断检修技巧	...052
	一、概述	...052
	二、案例分析：北汽新能源 EC200 异常下电诊断	...053

第二章 驱动系统故障诊断与检修

第一节　驱动系统常见故障分析　…056
第二节　驱动电机控制器常见故障及诊断方法　…056
　　一、使用诊断仪读取"系统无应答"　…057
　　二、故障码报"电机过流"　…057
　　三、故障码报"IPM故障"　…057
　　四、故障码报"旋转变压器故障—信号丢失"或者"旋转变压器故障—角度异常"及"旋转变压器故障—信号幅值减弱"　…059
　　五、故障码报"高压欠电压"　…064
　　六、故障码报"高压过电压"　…067
　　七、驱动电机控制器储存"电机缺A相""电机缺B相""电机缺C相"　…067
　　八、故障码报"驱动电机过温警告""水温过高报警""IGBT过温报警""IPM散热器过温故障""电动水泵驱动故障"　…067
第三节　驱动电机常见故障及诊断方法　…070
　　一、驱动电机常见故障及诊断方法　…070
　　二、案例分析　…072
第四节　驱动电机旋转变压器传感器检测要点与技巧　…075

第三章 充电系统故障诊断与检修

第一节　交流慢充系统故障诊断检测技巧　…080
　　一、概述　…080
　　二、交流慢充系统故障诊断　…081
　　三、案例分析　…085
第二节　直流快充系统故障诊断检测技巧　…099
　　一、概述　…099
　　二、直流快充系统故障诊断　…100
　　三、案例分析　…101
第三节　低压充电系统故障诊断检测技巧　…106
　　一、概述　…106
　　二、低压充电系统故障诊断　…107

第四章 动力电池常见故障诊断与检修

第一节　动力电池常见故障分析 …112
　一、动力电池常见故障 …112
　二、案例分析 …115

第二节　动力电池常见故障诊断技巧 …116
　一、温度类故障 …116
　二、SOC 跳变、续驶里程短故障 …119
　三、分布式动力电池管理系统电池采集器故障 …120
　四、动力电池严重不均衡类故障 …121

第三节　动力电池包绝缘（漏电）故障诊断检测方法 …124
　一、故障描述 …124
　二、故障诊断 …125
　三、案例分析 …130

第四节　动力电池采样信号故障诊断检修实战 …131
　一、秦 Pro DM 动力电池包故障 …131
　二、秦 Pro DM 动力电池信息采集器故障 …135
　三、江淮新能源电动汽车 BMS 初始化错误 …137

第五章 空调系统故障诊断与检修

第一节　空调制冷系统故障诊断检修技巧 …140
　一、启动失败类故障 …140
　二、间歇性不制冷类故障 …146
　三、电动压缩机异响类故障 …146
　四、泄漏类故障 …147
　五、绝缘（漏电）类故障 …147

第二节　PTC 加热系统故障诊断检修技巧 …147
　一、PTC 加热系统故障模式 …148
　二、案例分析 …150

第一章
无法上电及异常下电故障诊断与检修

对于新能源汽车,一旦高压系统出现故障或者低压电源系统、低压控制系统出现故障,将会导致车辆无法上高压电,由于动力电池的电能无法输出,车辆将停驶。

针对无法上电故障的诊断,维修技师可能会不知道如何下手诊断和检修,从心理上感到"故障复杂",畏惧动手检查。

其实,只要了解故障出现时的现象、知道所维修的新能源汽车的结构与原理,然后借助诊断设备,用合理的手段进行诊断检修,新能源汽车维修起来并不复杂。

所以在后续章节的车辆诊断技巧的讲解时,采用实战案例+诊断技巧+结构分析的方式进行说明,这样可以使读者在遇到故障时,可以通过学过的知识举一反三来解决遇到的问题。

"无法上电"通常是指"无法上高压电",无法上高压电有哪些症状呢?故障原因应该如何排查呢?下面我们开始进行分析。

第一节　高压上电流程与上电条件分析

在介绍"无法上电（上电失败）"前，我们首先要掌握上电流程。上电流程分为低压供电及唤醒上电和低压控制高压系统上电（称为高压上电）。如图1-1所示，整车控制器、驱动电机控制器、动力电池管理器需要有独立的记忆供电电源端子，它是由低压蓄电池供电，这是高压上电的第一个基础条件。

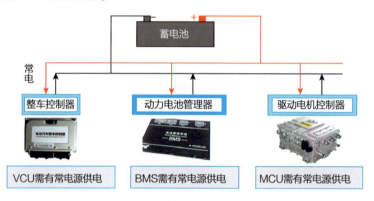

图1-1　VCU、BMS、MCU常供电示意图

第二个基础条件就是：电源开关唤醒电源，使各控制器进行自检，自检后模块与模块方可互相通信。如图1-2所示，打开点火开关，根据不同车型上电唤醒设计，分别唤醒整车控制器（VCU），整车控制器进行自检且包含：档位控制器（档位传感器位置）、制动开关状态、真空压力传感器数据以及整车控制器控制的电器等。BMS被唤醒后自检，同时进行动力

图1-2　被唤醒控制器示意图

电池单体电压、温度、绝缘阻值、高压接触器是否烧结/粘连、高压接触器线圈、高压互锁、动力电池当前电量等监测，并且将自检的结果上报给整车控制器。驱动电机控制器被唤醒后进行自检（例如 IGBT 温度、驱动电源电路板等），在自检完毕后，开始进行外围电器部件检测，例如旋转变压器传感器 U、V、W 三相线是否存在异常等，将自检的结果上报给整车控制器和其他控制器件，例如 DC/DC 变换器、OBC、EAC、PTC、组合仪表等，同时这些控制器件也要被唤醒。

当踩下制动踏板后，电源开关处于"ST"档位，VCU 接收到启动唤醒信号并且通过上述自检后，具备上电条件，在数据总线上传输至动力电池管理器、驱动电机控制器。图 1-3 为启动高压上电前工作示意图，VCU、BMS、MCU 开始执行高压上电工作。

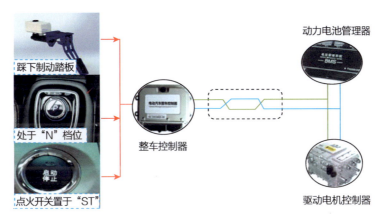

图 1-3　启动高压上电前工作示意图

下面讲解比亚迪元 EV535 电动汽车高压上电流程。元 EV535 电动汽车高压配电箱与动力电池包集成在一起，如图 1-4 所示，预充接触器、预充电阻与主正接触器并联。上电成功流程如图 1-5 所示。

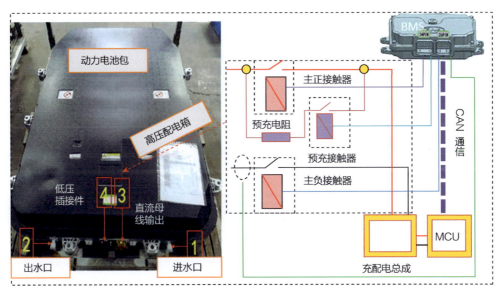

图 1-4　高压配电箱内部结构框架图

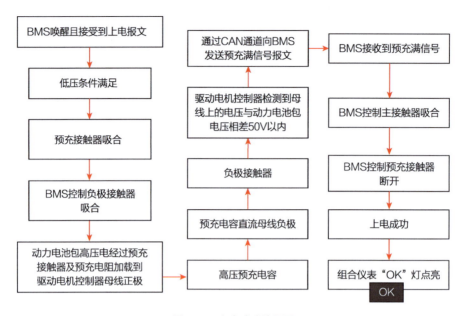

图1-5 上电成功流程图

BMS在被唤醒后,初始化完成后需要进行自检,在自检项目中若发现某一条件不满足就不控制元件工作,上电失败,然后将上电不成功条件报文通过CAN动力网送至BCM,进而组合仪表点亮动力系统故障指示灯,如图1-6所示。当然,在预充过程中,动力电池管理器同样也要进行预充条件是否满足的自检,若预充条件不满足,BMS动力电池管理器就报出"预充失败",并且将预充失败的故障以报文的形式发送到动力网,车辆也会出现上电失败的现象,车辆无法行驶,如图1-7所示为预充成功条件及预充失败流程图。

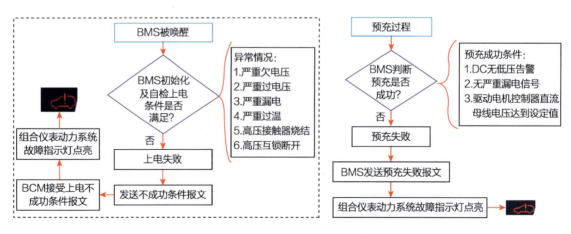

图1-6 上电失败流程图　　　图1-7 预充成功条件及预充失败流程图

比亚迪混合动力车型上电和预充条件与电动汽车上电有一定的区别,下面以比亚迪唐DM车型为例分析混合动力车型上电和预充流程,如图1-8、图1-9所示。

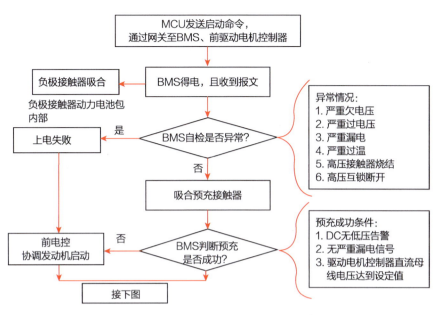

图1-8 比亚迪唐 DM 上电和预充流程图（一）

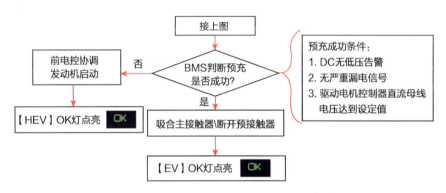

图1-9 比亚迪唐 DM 上电和预充流程图（二）

第二节 预充失败故障诊断精华与案例分析

 比亚迪唐车型预充失败案例分析

1. 故障现象

车辆 EV 模式不能使用，读取动力电池管理系统故障码为预充失败故障，清除故障码后重新上 OK 档电故障码重现。预充失败故障图如图1-10所示。

图1-10 预充失败故障图

2. 比亚迪唐高压配电功能结构

高压配电箱位置如图 1-11 所示。

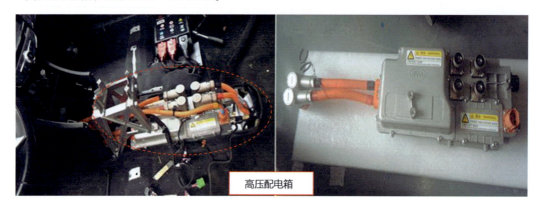

图 1-11　高压配电箱位置

高压配电箱外部插接件功能数模图如图 1-12 所示。

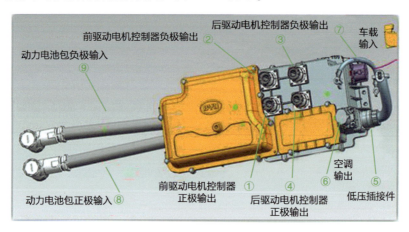

图 1-12　高压配电箱外部插接件功能数模图

高压配电箱内部结构包含预充接触器、预充电阻、霍尔电流传感器、正极接触器、电动空调压缩机熔丝、PTC 熔丝、开盖互锁、铜排连接片等结构，如图 1-13、图 1-14 所示。比亚迪唐 DM 高压配电箱工作原理示意图如图 1-15 所示。通过图 1-15 所示示意图，可以看到负极接触器在动力电池包内部，图 1-16 所示为动力电池包负极接触器位置。

3. 故障原因分析

造成车辆上电失败故障原因分析：

1) 动力电池包内部异常。
2) 高压配电箱异常。
3) 动力电池管理器故障。
4) 驱动电机控制器及 DC 总成故障。

5)低压线路故障。

6)其他高压部件内部短路故障。

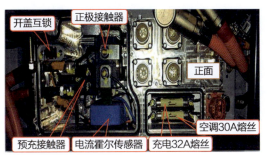
图1-13 高压配电箱内部结构图(一)

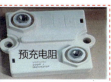
图1-14 高压配电箱内部结构图(二)

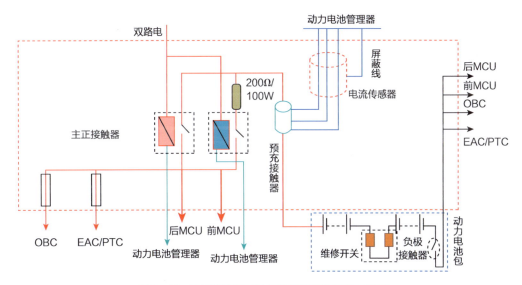
图1-15 比亚迪唐DM高压配电箱工作原理示意图

4. 诊断过程及检修方法

1)读取BMS内故障码为预充失败。读取前驱动电机控制器母线电压以及DC/DC变换器高压侧电压,从预充开始到预充结束,电压一直为14V没有变化,初步判断是无预充电压。图1-17所示为驱动电机控制器数据流。

2)读取动力电池管理系统数据流正常,电压在从ON档上OK档电时,BMS数据流中各接触器工作状态正常;拆检高压配电箱,测量预充接触器及主接触器控制端的供电及拉低信号正常,测量预充电阻正常,测量前后驱动电机控制器熔丝无烧毁现象。

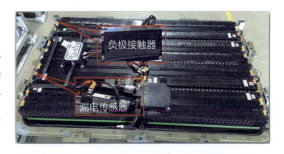
图1-16 动力电池包负极接触器位置

3)排除动力电池包外围高压零部件故障,用动力电池包检测工装测量直流母线显示为无高压输出,判断为动力电池包内部异常导致动力电池包无电压输出。原因:动力电池包负极接触器、分压接触器故障。图1-18所示为使用动力电池包检测工装的测量过程。

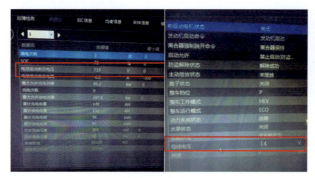

图1-17 驱动电机控制器数据流

图1-18 使用动力电池包检测工装的测量过程

5. 维修小结

在检测诊断前，要了解车辆相应的结构以及工作原理，通过工作原理及上电和预充电过程的流程与工作条件，合理运用检测设备与诊断方法，对检修新能源汽车的一次性修复率和检修效率可以起到事半功倍的效果。例如本案例中首先要清楚车辆高压配电箱的安装位置、高压配电箱内部结构与工作原理图、上电工作及预充流程，在检修中使用VDS1000读取数据流，根据数据流验证故障后再利用以上所述的检修方法进行针对性检修。

二、奔驰S400混合动力车型预充失败诊断案例

1. 故障现象

客户描述：车辆在等待红绿灯时启停系统关闭发动机后，再次启动时车辆无法启动，同时组合仪表的"READY"指示灯由绿色变为黄色。使用诊断仪读取系统故障码及故障码含义如图1-19所示。

2. 预充过程原理分析

车辆是如何预充的？正极接触器与负极接触器布置在哪一个位置？这是我们在诊断前所需要了解的重点。首要了解安装位置以及结构，再根据结构进行分析上电过程，在上电过程中为什么出现预充时间过长？这是遇到新能源汽车诊断与检修的重点。图1-20所示为正极接触器、负极接触器及预充接触器位置布置图。

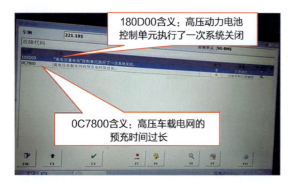

图1-19 故障码及故障码含义

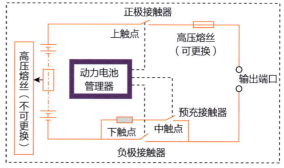

图1-20 正极接触器、负极接触器及预充接触器位置布置图

通过图1-20所示工作示意图的上高压电原理分析，动力电池管理器监测动力电池的电流强度、存电量和电气故障。动力电池内部的保护开关（接触器）共有3个触点。当点火开关接通时，只有图示中的上触点和中触点接通，这时流过外部电路的电流很小，用以检测外电路的状况；当监测到外电路正常时，再接合下触点。

3个接触器、动力电池管理器、动力电池集成在动力电池组内，如图1-21所示为动力电池组剖面示意图。

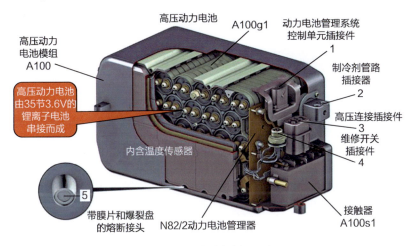

图1-21 动力电池组剖面示意图

3. 诊断过程

在诊断过程中根据故障码含义进行故障原因分析。故障原因如下：

1) 预充电阻断路或接触部位接触不良。
2) 预充接触器触点烧结。
3) 负极接触器触点烧结。
4) 高压电容电解质发生改变导致容量发生改变。
5) 铜排两接片接触点粗糙不光滑导致接触阻值增大。
6) 其他高压模块驱动电路内部短路导致预充电压不合格。

在上电瞬间获取动态数据流发现预充电压只有DC 82V。动力电池组当前电压为DC 127.64V，预充电压低于DC 115V，明显低于正常电压，从数据上已经验证了故障码的可靠性，如图1-22所示为预充时异常数据流。

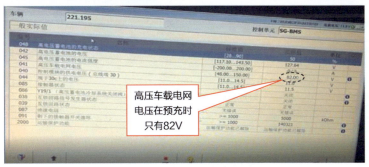

图1-22 预充时异常数据流

根据车载电网电压低的原因进行分析，本着由简到繁的检修思路进行诊断与验证，首先断开 DC/DC 变换器模块高压连接线，短接互锁，此时上电读取数据流，数据流的车载电网电压显示正常。如图 1-23 所示为 DC/DC 变换器模块布置图，DC/DC 变换器模块安装在右侧翼子板内侧。图 1-24 所示为正常的车载电网电压。

图 1-23　DC/DC 变换器模块布置图

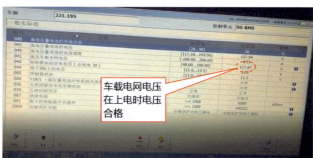

图 1-24　正常的车载电网电压

4. 确定故障原因

DC/DC 变换器模块内部高压电源短路导致在预充时电压被拉低，造成预充失败。

5. 故障小结

由于 DC/DC 变换器模块内部隔离开关电源电路出现短路，导致在上电预充时，由于在上电过程中，DC/DC 变换器模块参与工作，拉低了预充电压，使预充电压不合格，进而出现预充时间过长的故障码，如图 1-25 所示为奔驰 S400 高压系统连接电路原理图。

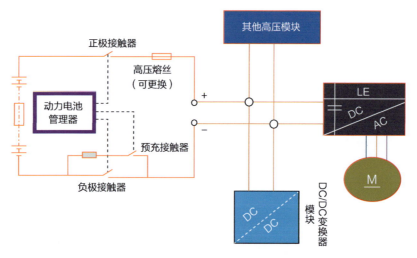

图 1-25　奔驰 S400 高压系统连接电路原理图

三、比亚迪 e2 预充失败案例

1. 故障现象

一辆比亚迪 e2 续驶里程 400km 车型，行驶里程 16877km。客户反映：车辆在使用中组合仪表出现 EV 功能受限（图 1-26），无法正常上电行驶，请求检修。

图 1-26　组合仪表故障图

2. 原因解析

组合仪表信息显示屏显示"EV 功能受限"，说明车辆使用 EV 功能行驶条件未满足，原因有：

1）动力电池包故障。
2）高压系统存在绝缘故障。
3）环路互锁监控电路不完整。
4）高压模块故障。
5）高压配电箱内部高压接触器存在烧结粘连。
6）低压线路故障。
7）其他原因。

3. 检修过程

1）使用诊断仪扫描系统故障，系统储存"P1A3400 预充失败故障"，如图 1-27 所示。

图 1-27　故障码

2）将故障码进行清除后再次进行上电，故障码再次出现，说明是当前故障。

造成预充失败故障原因分析：一旦汽车可以进入预充电步骤，则说明 BMS 在接收到低压上电唤醒信号并且自检后满足以下 6 个条件，动力电池组未存在欠压故障、动力电池组未存在过压故障、动力电池包绝缘合格、动力电池组未存在过温故障、环路互锁电路完整、高压接触器未出现烧结粘连故障，则可以排除以上 6 个原因。

预充失败故障原因分析：

一旦 BMS 满足高压上电条件后，BMS 开始控制预充接触器闭合，预充成功条件分别为：低压蓄电池电压正常并且 DC/DC 变换器无严重故障、高压模块未存在严重漏电故障、预充电压比当前动力电池包电压小 50V。

若低压蓄电池欠电压，在上电时蓄电池的电压再次拉低，组合仪表会发暗甚至熄灭。如果 DC/DC 变换器可以通过诊断仪扫描出故障，但此故障车辆未扫描出 DC 故障，可以排除 DC/DC 变换器故障。

如果车辆存在严重绝缘故障，诊断仪可以扫描出漏电故障（历史故障），但此故障车辆未扫描出此故障，可以排除严重绝缘漏电故障。

结果就是最后一个原因——预充电压不合格造成的。

3）读取上电瞬间的数据流，如图 1-28 所示。

通过状态数据流，说明 BMS 已经开始控制接触器（预充接触器负极）吸合，这时可以查看预充时的母线电压，发现预充时母线电压只有 12V，如图 1-29 所示。造成预充电压只有 12V 的原因分别有：预充电阻断路、预充接触器故障、负极接触器故障、高压连接线故障、三合一驱动系统总成故障（驱动电机控制器故障）。

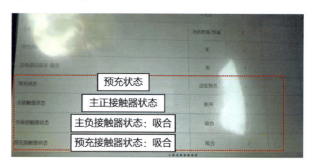

图 1-28　接触器上电工作状态数据

当预充电压不合格时，预充状态数据流会显示预充失败状态，如图 1-30 所示。

图 1-29　驱动电机母线电压异常数据流

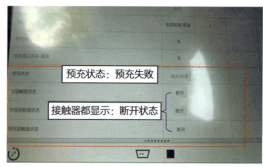

图 1-30　预充失败状态数据

将车辆举升后，短接动力电池包的高压互锁后使用万用表测量动力电池包的输出母线瞬间电压只有 12V 左右，并且只可以听到一个接触器吸合和断开的声音。检查动力电池包的低压插接件发现断了一条线（图 1-31），根据电路图查询所断开线是预充接触器电源线 BK51-20 到 BMS 的 BK45（A）-7，图 1-32 所示。

4）将断线部位进行连接且进行绝缘处理后故障排除，读取上电时母线预充电压合格，上电成功，如图 1-33 所示。

图 1-31　故障损坏部位

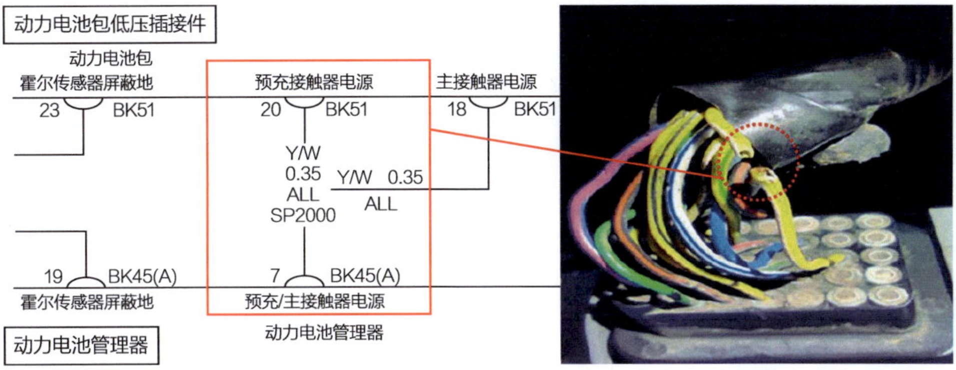

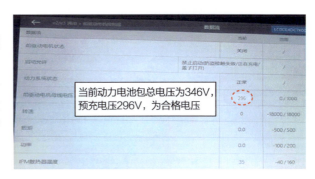

图1-32 电路简图

4. 维修心得

结果虽然简单,但是若不掌握车辆底层原理(上电时序和上电监控步骤)以及不了解车辆高压布局和高压模块各部位的作用与功能,在诊断中会出现漫无目的检查,可能会在维修中伪造成新的故障!

图1-33 正常预充电压数据流

四、诊断分析总结

1)电动汽车/混合动力汽车一旦预充失败,最终体现在数据流上,在预充时数据流电压未达到系统内部所设定数据,则驱动电机控制器所采集的电压不合格,通过CAN线发送不合格电压报文,BMS切断接触器,预充过程失败。

2)预充失败的故障包括:低压蓄电池电压过低、负极接触器内部触点接触不良、负极接触器触点内部断路、负极接触器触点断路、预充接触器内部触点接触不良、预充电阻断路、高压连接线(内部触点接触不良)、铜排连接片烧损等,在出现这些故障时,往往可以通过测量实际电压与数据流的电压进行比较,根据当前动力电池包电压和上电瞬间的电压进行计算与比较。

如果数据流上的电压低于目标值,可以采用断开电动压缩机的高压插接件或者断开PTC的高压插接件后短接互锁,然后带上绝缘手套,使用万用表的直流电压档测量直流母线正和直流母线负,在上电瞬间测量瞬时电压与数据流电压并进行比较。如果瞬时电压与数据流的电压有区别,数据流电压不合格,而使用万用表所测量的数据合格,故障点则在驱动电机控制器内部,需要更换驱动电机控制器总成、内部高压电容或者检修驱动电路板单元;如果数据流电压和万用表所测量的电压相等,并且电压都不合格,则需要检修基本控制元器件。如图1-34所示为检测测量示意图,

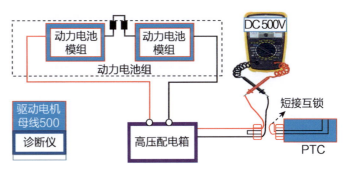

图1-34 检测测量示意图

图 1-35 为比亚迪 2015 款秦 DM 实车测量数据。

图 1-35　比亚迪 2015 款秦 DM 实车测量数据

3）如果高压配电箱与动力电池包集成在一起，不易测量，检查负极接触器、预充接触器、预充电阻时需要分解动力电池包才可以检修高压配电箱，因此工作量比较大。本着先易后难、先外后内的检修方法，此时先要检查外部的高压部件是否存在短路。例如 OBC 内部短路（OBC 内部高压电源系统短路后容易造成 OBC 熔丝熔断，因此在充电时会出现 OBC 系统储存直流侧电压欠压故障），再如 PTC 内部 IGBT 短路会导致在预充电时拉低预充电容的电压。这时可以采用断开法进行验证，在断开高压连接线时要跨接插座端的互锁，否则会造成车辆无法上电。以比亚迪 2017 款秦 DM 车型断开 PTC 为例，如图 1-36 所示为 2017 款比亚迪秦 DM 高压系统配电示意图，图 1-37 所示为 2017 款比亚迪秦 DM 断开 PTC 短接互锁示意图。

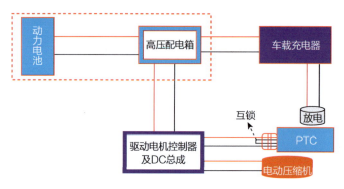

图 1-36　2017 款比亚迪秦 DM 高压系统配电示意图

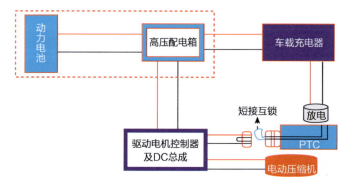

图 1-37　2017 款比亚迪秦 DM 断开 PTC 短接互锁示意图

第三节 绝缘(漏电)故障诊断与案例分析

电动汽车/混合动力汽车在上电过程中,动力电池管理器有一个功能就是绝缘检测,如果有某一个高压电器件出现绝缘故障,并且是严重漏电级别,车辆则不能上高压电。所以绝缘漏电故障分为一般漏电和严重漏电这两个级别,通常严重漏电绝缘电阻值小于100Ω/V,一般漏电大于等于100Ω/V并小于等于500Ω/V,大于500Ω/V系统未存在漏电状态。

例如某车型读取数据流显示绝缘阻值为500kΩ,当前动力电池包电压为360V,根据绝缘要求,车辆正常的绝缘阻值应该大于180kΩ,其计算公式为500Ω/V×电池包电压,即500×360 = 180000Ω = 180kΩ,180kΩ远小于实际的500kΩ,因此这辆车的绝缘是正常的;再例如某车型读取的绝缘阻值数据为1000Ω,计算:1000Ω÷360V = 2.7Ω/V,计算结果2.7Ω/V远远小于500Ω/V,说明车辆严重漏电,此时自然无法上高压电。下面以实战案例讲解绝缘故障的诊断技巧。

一、长安新能源CS15绝缘故障

1. 故障现象

车辆在涉水行驶后异常下高压电,不能再次上高压电,组合仪表"READY"指示灯无法点亮。

2. 诊断过程

使用诊断仪读取整车控制器(VCU),读取到系统故障码,如图1-38所示。

通过读取整车控制器故障,故障码显示P1B0300,含义为BMS四级故障。针对这个故障码所给出的解释非常模糊,不能准确获取故障码范围,但是已经了解到BMS系统故障,可以进入BMS系统获取故障信息,如图1-39所示为动力电池管理器(BMS)故障码。

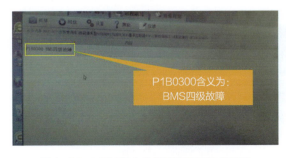

图1-38 VCU整车控制器读取系统故障码

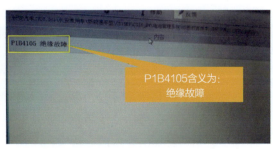

图1-39 动力电池管理器(BMS)故障码

通过进入BMS获取故障码信息为P1B4105，含义解释为绝缘故障，说明BMS经过绝缘监测模块所检测到的数据传输给BMS，BMS经过运算后判断系统出现绝缘故障。BMS切断接触器导致动力电池电能无法释放，车辆上电失败。通过数据流获取绝缘阻值，如图1-40所示为数据流绝缘阻值。根据数据流所给出的阻值为3600Ω，当前动力电池包的额定电压为306.6V，计算后得出的结果为3600Ω/306.6V≈11.7Ω/V，11.7Ω/V是当前绝缘阻值，证明当前车辆存在严重漏电。

根据客户描述涉水行驶后出现故障，结合车辆的结构进行分析，此车的动力电池包安装在车辆底盘，动力电池包的高压插接件如果防护级别未达标造成高压连接口进水，导致绝缘监测模块监测出车辆漏电。

将车辆举升后检查发现，如图1-41所示，动力电池包高压连接端口有水珠，包括低压插接件线束同样有进水的痕迹。

图1-40 数据流绝缘阻值

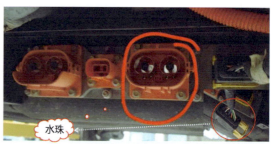

图1-41 高压连接端口有水珠

3. 故障排除

将车辆放置在太阳光下面，让其进水部位在温度的作用下自然蒸发，此后故障排除。故障排除后所读取的绝缘阻值为4615kΩ，如图1-42所示。故障排除后的绝缘数据 = 4615kΩ×1000/306.6V≈15052.2Ω/V。所计算结果已经>500Ω/V，证明当前绝缘数据是合格的。

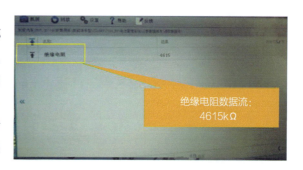

图1-42 故障排除后绝缘电阻值

4. 维修小结

当出现绝缘故障时，如果通过整车控制器读取到整辆车故障，往往是通过VCU所读取的故障，如果是其他子项目模块故障，只能获取某一个系统故障，并不能获取故障的真正含义，因而在出现子项目故障码时应进入到对应子项目进行故障码和数据流的读取，这样可以获取有针对性的故障码和数据流。当出现故障码时，采用断开法进行诊断是哪一模块出现的绝缘故障，一旦诊断出故障后，使用数字兆欧表或者耐压测试仪验证模块是否存在绝缘故障。在下一小节总结讲解如何采用断开法来判断某一模块是否存在绝缘故障。

二、绝缘故障诊断精华分解

第一步：当车辆系统出现绝缘漏电故障时，首先要了解车辆高压部件结构，高压部件是集中式还是分体式，此次我们以分体式高压部件进行分析。首先分析故障车辆高压部件位置及高压部件类别。分体式高压部件布置图包含动力电池包、PDU、EAC、PTC、OBC、直流充电口、DC/DC 变换器、MCU、永磁同步电机，如图 1-43 所示。

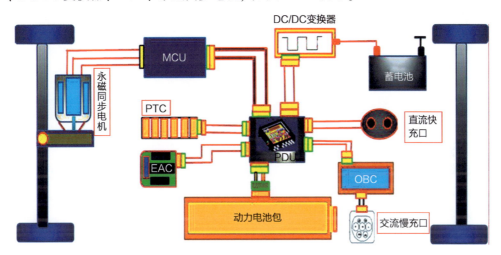

图 1-43　分体式高压部件布置图

第二步：验证动力电池包高压插接件是否有进水痕迹，方法是将动力电池包的高压插接件拔下来，如图 1-44 所示，检查动力电池包插头与插座是否进水。

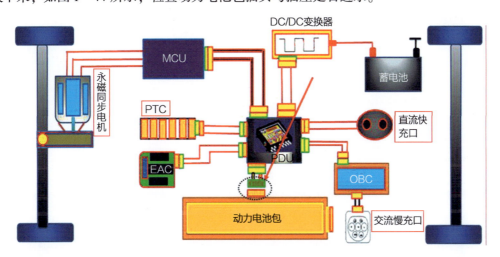

图 1-44　检查动力电池包插头与插座是否进水

第三步：如果上一步正常，则进入本步骤。拔下电动空调压缩机高压插接件，短接插座端的高压互锁，测试是否可以上电，并且通过数据流获取绝缘阻值，并检查是否合格，如图 1-45 所示为断开电动空调压缩机高压插接件。若绝缘阻值正常，拔下互锁安装高压连接线，进入下一步。

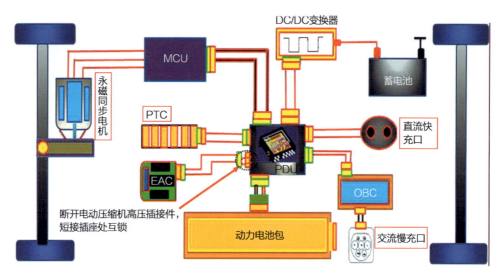

图 1-45 断开电动空调压缩机高压插接件

在检修中为什么第二步首先断开电动空调压缩机呢？在前面基础知识我们已经了解到在电动压缩机内部有一个三相交流永磁同步电机，并且对电动压缩机的冷冻油使用要求非常严格。当电动空调压缩机在工作时，永磁同步电机在高速运转时会有一定的磨损，并且永磁同步电机前后端都有密封圈，一旦密封圈轻微损坏后会流入到永磁同步电机，使永磁同步电机的定子绝缘变差，因而会造成电动压缩机绝缘故障，因此当出现绝缘故障时，建议读者首先检查的是电动压缩机绝缘故障。

第四步：如果上一步正常，则进入本步骤。断开 PTC 高压插接件，短接插座处互锁端子，上电测试后如果上电成功，则说明 PTC 绝缘阻值小，需要更换 PTC。如图 1-46 所示为断开 PTC 高压插接件。若绝缘阻值正常，拔下互锁安装高压连接线，进入下一步。

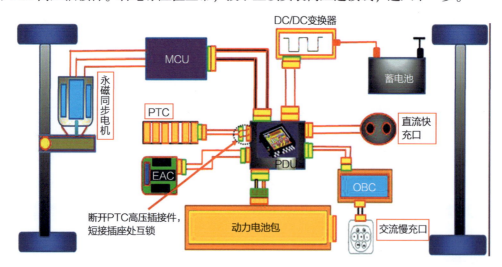

图 1-46 断开 PTC 高压插接件

第五步：如果上一步正常，则进入本步骤。断开 PDU 至驱动电机控制器的直流母线，使用诊断仪读取绝缘阻值，如果绝缘阻值合格，则证明驱动电机控制器绝缘故障，或者上电测试（当然此时上电不会成功），如果这时读取驱动电机控制器故障码只显示供电侧欠压故障，而不报绝缘故障，则说明漏电部位为驱动电机控制器或者驱动电机导致。如图1-47所示为断开PDU至驱动电机控制器的直流母线。若绝缘阻值正常，拔下互锁安装高压连接线，进入下一步。

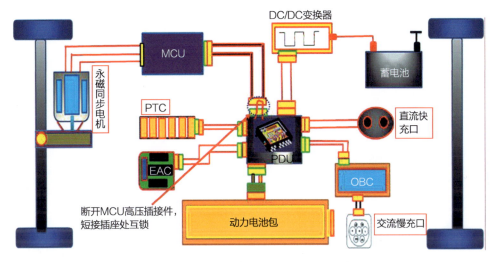

图1-47　断开PDU至驱动电机控制器的直流母线

第六步：如果上一步正常，则进入本步骤。断开PDU至DC/DC变换器的直流母线，跨接互锁线，上电测试，如果上电成功，则说明DC/DC变换器变换模块绝缘故障。如图1-48所示为断开PDU至DC/DC变换器直流母线。若绝缘阻值正常，拔下互锁安装高压连接线，进入下一步。

第七步：如果上一步正常，则进入本步骤。断开PDU至OBC的直流母线，跨接互锁线，上电测试，如果上电成功，则说明OBC车载充电器有漏电故障。如图1-49所示为断开PDU至OBC直流母线。若绝缘阻值正常，拔下互锁安装高压连接线，进入下一步。

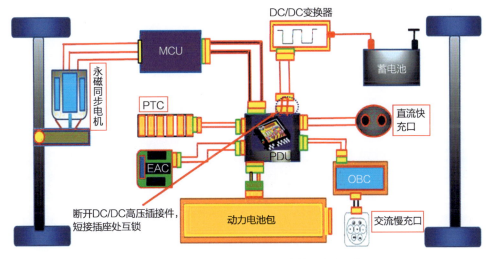

图1-48　断开PDU至DC/DC变换器直流母线

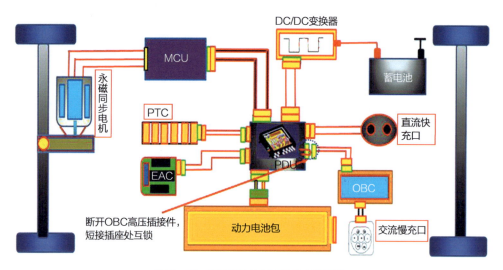

图1-49　断开PDU至OBC直流母线

第八步：如果上一步正常，则进入本步骤。断开MCU至永磁同步电机U、V、W三相线，使用数字兆欧表测量永磁同步电机绝缘阻值是否合格，如图1-50所示为断开MCU至永磁同步电机三相线测量绝缘阻值。若绝缘阻值正常，拔下互锁安装高压连接线，进入下一步。

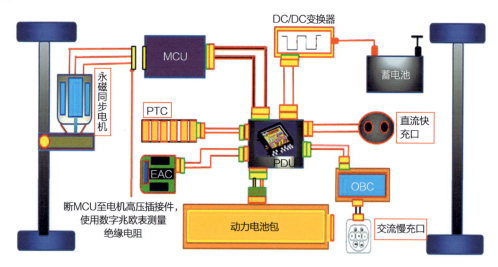

图1-50　断开MCU至永磁同步电机三相线测量绝缘电阻值

第九步：如果测试以上都正常，则断开高压配电箱的所有高压插接件，使用数字兆欧表进行测试。测量其绝缘电阻是否合格，如果绝缘电阻偏小不合格，证明高压配电箱绝缘电阻不合格造成漏电故障，如图1-51所示为断开PDU所有高压插接件。

现在用数字兆欧表测试水加热PTC来进行分析绝缘检测方法。以2015款秦DM车型为例说明PTC的测试。如图1-52所示为数字兆欧表测试步骤，图1-53所示为绝缘阻值数据。

无法上电及异常下电故障诊断与检修

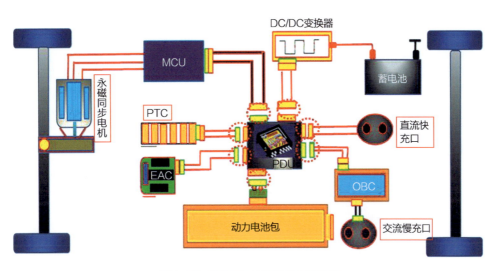

图 1-51　断开 PDU 所有高压插接件

图 1-52　数字兆欧表测试步骤

图 1-53　绝缘阻值数据

三、2017 款秦 DM 绝缘故障诊断案例分析

1. 故障现象

一辆 2017 款比亚迪秦 DM 车型，车辆上 OK 档，在 SOC 电量 59% 时自动切换到 HEV 模式，发动机启动，无法使用 EV 模式行驶，仪表显示 EV 功能受限，如图 1-54 所示为组合仪表显示故障提示信息。

图 1-54　组合仪表显示故障提示信息

2. 结构认知

在分析此车故障时，我们首先要了解这款车的结构与原理，只有了解其结构后，出现故障时我们才知道从哪一个部位进行检查，维修不走弯路，才可以找到维修"捷径"，维修效率提高的同时，也能提高故障判断的准确率和一次修复率。

2017 款秦 DM 动力电池包采用"T"字形结构，安装在车辆底盘处，动力电池包额定标称电压 518V，容量 33A·h，内部一共有 5 个动力电池模组，在动力电池组里面集合了高压配电箱，如图 1-55 所示为动力电池组形状、插接件说明图。

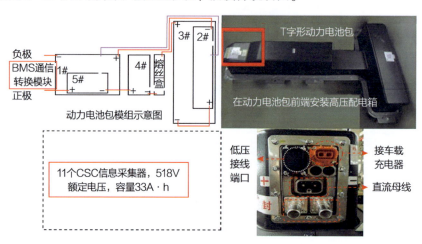

图 1-55　动力电池组形状、插接件说明图

高压配电箱内部结构图，内部包含漏电传感器，漏电传感器布置图如图 1-56 所示。

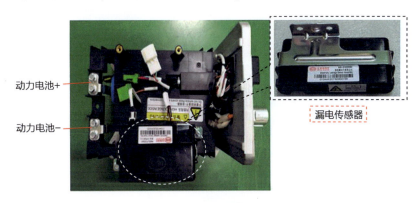

图 1-56　漏电传感器布置图

漏电传感器的工作原理：漏电传感器检测绝缘电阻的采样点为直流母线负极，并且其采样点设定在高压配电箱负极接触器输入与动力电池模组负极输出端之间，另一端接车身地，内部通过一个电子开关打开与关闭进行运算车身负极与动力电池母线负极的绝缘电阻。将运算后的结果上报给 BMS，BMS 根据运算结果判定漏电标准（标准为：一般漏电、严重漏电），如果在行驶中切断正极/负极接触器，在上电过程中 BMS 禁止上电。漏电传感器工作原理示意图如图 1-57 所示。

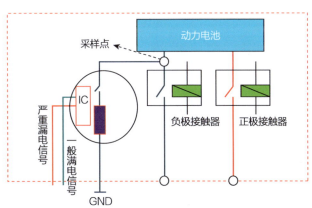

图 1-57　漏电传感器工作示意图

在高压配电箱内部还有霍尔电流传感器，正极/负极接触器、预充接触器、预充电阻等，如图 1-58 所示为预充电阻及主熔丝布置图，图 1-59 为霍尔电流传感器、正负极接触器布置图。

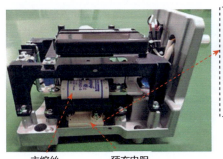

图 1-58　预充电阻及主熔丝布置图

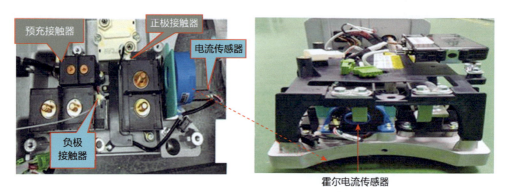

图 1-59 霍尔电流传感器、正负极接触器布置图

2017 款秦 DM 高压配电框架组合示意图如图 1-60 所示。

通过图 1-60 已经获知从驱动电机控制器有两条线束分别输出至 PTC、电动空调压缩机。如图 1-61 所示为驱动电机控制器及 DC 总成的高低压插接件端口。

车载充电器带有充电和放电功能，充放电的高压连接线是从动力电池包输出，车载充电器安装在车辆后行李舱部位，车载充电器安装位置及形状图如图 1-62 所示。图 1-63 为车载充电器外部高低压接插口布置及充电口背部线束名称。

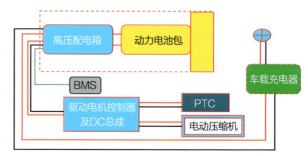

图 1-60 2017 款秦 DM 高压配电系统框架组合示意图

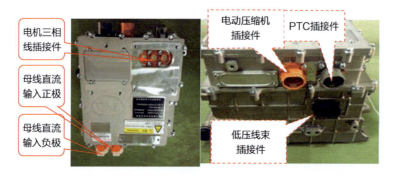

图 1-61 驱动电机控制器及 DC 总成的高低压插接件端口

图 1-62 车载充电器安装位置及形状图

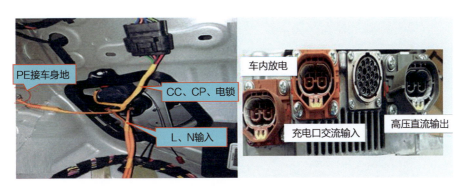

图1-63　车载充电器外部高低压插接口布置及充电口背部线束名称

3. 诊断过程

1）读取系统故障码，如图1-64所示。

所读取的故障码都是"历史故障码"，将故障码清除后再次尝试上高压电，上电未成功，读取BMS，仍显示漏电故障码，但是空调通信类故障消失。为什么当前故障存在，但是所报出的故障码是"历史故障码"呢？带着这个疑问进入下一步诊断。

2）读取动力电池管理系统数据流，当尝试上电结束瞬间，绝缘电阻值从8000kΩ下降到0kΩ，如图1-65、图1-66所示的数据流。

图1-64　故障码图片

图1-65　上电瞬间绝缘阻值

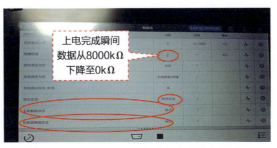

图1-66　上电瞬间绝缘阻值下降至0kΩ

3）当绝缘阻值降到0kΩ时，接触器断开，当接触器断开后绝缘阻值上升至65535kΩ，绝缘电阻值恢复正常，接触器断开后的绝缘阻值如图1-67所示。

4）采用断开法进行检查，在断开车载充电器高压插接件时发现OBC车载充电器高压插接件有进水造成的腐蚀现象，如图1-68所示为检修过程及OBC插接件腐蚀。

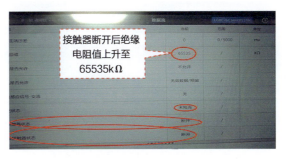

图1-67　接触器断开后绝缘阻值

图 1-68 检修过程及 OBC 插接件腐蚀

4. 故障排除

将已腐蚀的插接件处理后,更换 OBC 车载充电器后进行验证,故障排除。

5. 维修小结

带着在读取故障码时为什么显示"历史故障码"这个疑问,车辆维修完毕后进行系统分析,首先分析漏电传感器的安装位置,根据位置和数据流分析后恍然大悟,由于漏电部位在动力电池包外部,并且漏电传感器采样点在负极输入侧和动力电池包负极输出侧之间。如果漏电部位在动力电池一侧,则打开点火开关时接触器处于断开状态,如果绝缘阻值小于额定值,证明动力电池包漏电,如果在接触器没有闭合前读取数据流且绝缘阻值合格,但是在上电后绝缘阻值瞬间变小,则故障点锁定在动力电池包以外的高压部件。因此搞清楚为什么出现"历史故障"非常重要。在检修中如果不上电此时的绝缘电阻值是合格的,BMS 就会只记忆"历史故障码",而非"当前故障"。

当然在判断出故障点以后,要使用摇表或者数字兆欧表验证故障的真实性,另外还有可能是"偶发性绝缘故障",当出现"偶发性故障点"时要了解故障发生的环境、客户进行了哪些操作、出现故障前行驶路况等信息后再验证故障的真实性。

四、帝豪 EV450 绝缘故障导致车辆无法上电

1. 故障现象

一辆帝豪 EV450 电动汽车,车辆在充电时(未充满电状态),充电系统停止了充电,在客户开车要到修理厂检修时,车辆无法上高压电,未充满电状态如下图 1-69 所示。

2. 故障验证

打开点火开关,通过组合仪表可以看到警告灯点亮状态提醒,如下图 1-70 所示。

通过组合仪表上所显示的警告灯进行原因分析:动力电池包存在故障。由于故障是在充电时出现的,进行分析后得出,动力电池包温度异常、动力电池包存在绝缘故障、动力电池包单体电芯存在故障等。

图1-69 充电时只显示插枪信号

图1-70 组合仪表动力电池包警告灯点亮状态提醒

使用诊断仪读取 BMS 故障码，如图 1-71 所示。

故障码产生原因分析：P154100 当前故障为高压继电器闭合的前提下，绝缘故障（最严重）。故障码设置条件：打开点火开关，车辆未处于高压上电（正负极接触器未闭合）状态检测到绝缘故障，这时绝缘检测模块未检测到动力电池包的绝缘电阻，绝缘检测模块位置示意图如图 1-72 所示。

图1-71 扫描出的故障码

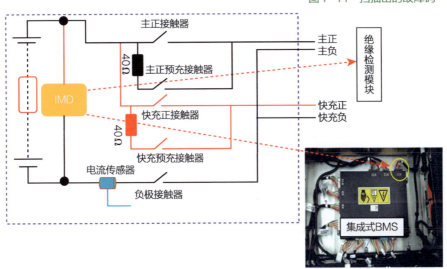
图1-72 绝缘检测模块位置示意图

通过图 1-72 可以分析出来，当打开点火开关时，车辆未处于高压上电状态，绝缘检测模块所检测到的绝缘阻值为动力电池包内部的阻值。这时可以通过诊断仪进入 BMS 系统读取绝缘电阻数据进行分析，BMS 绝缘电阻异常数据流如下图 1-73 所示。

根据 BMS 绝缘电阻数据流进行分析，当前绝缘电阻值为 60kΩ，BMS 已经监测到绝缘故障。接下来计算当前绝缘电阻是否合格，帝豪 EV450 动力电池包标称电压为 346V，电压范围为 266~408.5V。根据当前最高电压的 1.5 倍即 612.75V。60kΩ/612.75V≈98Ω/V，属于严重漏电状态。

这时我们需要拆解动力电池包进行故障验证，故障验证检修方法如下所述：

1）按照断电流程进行断电。

2）使用废液收集器收集动力电池包内部冷却液，防止冷却液滴洒在工位上。

3）拆卸动力电池包直流母线正负极以及直流快充正负极和低压线束插接件。

4）使用专用工具拆卸动力电池包与车辆底盘固定螺栓。

5）拆卸动力电池包，打开动力电池包上盖（佩戴绝缘手套）。

6）打开动力电池包后如图 1-74 所示。

图 1-73　BMS 绝缘电阻异常数据流

图 1-74　帝豪 EV450 动力电池包上盖打开后的结构图

以上方法只适用于动力电池包内部集成高压配电盒和 BMS 动力电池管理器的车型，如果车辆动力电池包内部没有集成 BMS 或高压配电盒，可以参考以下方法进行检修测量判断。

动力电池包内部原理结构示意图，如图 1-75 所示。

验证动力电池包是否存在绝缘故障的步骤，如下所述：

步骤一：使用万用表，将万用表调整至直流电压档位，一支表笔测量总正与动力电池包金属壳体，所测量的电压我们且称为 V_1，如图 1-76 所示。

步骤二：一支表笔测量总负与动力电池包金属壳体，所测量的电压我们且称为 V_2，如图 1-77

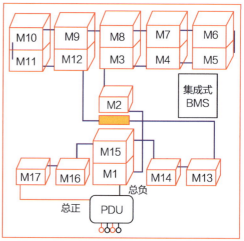

图 1-75　动力电池包内部原理结构示意图

无法上电及异常下电故障诊断与检修

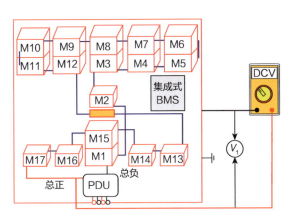

图1-76　母线正极与外壳的电压示意图

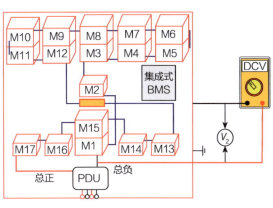

图1-77　母线负极与外壳的电压示意图

步骤三：比较 V_1 与 V_2 的电压高低，例如 V_2 的电压大于 V_1 的电压，则选择 100~150kΩ 电阻并联在母线负极与外壳上，并记录所测量的电压数据 V_2'，如图1-78所示。

步骤四：计算方法，如图1-79所示。

注：K 代表计算后的数据，$U_总$ 为动力电池包最高电压×1.5，R 为并联的电阻阻值。通常为 100~150kΩ（在计算时需要将 kΩ 换算成 Ω）。

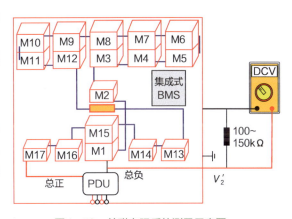

图1-78　并联电阻后的测量示意图

$$K = \frac{\dfrac{V_2 - V_2'}{V_2'} \times R}{U_总}$$

图1-79　计算公式

根据以上原理，下面开始进行故障车辆实操与故障诊断。

步骤一：测量总负对外壳的电压（V_2）如图1-80所示。

步骤二：测量总正对外壳的电压（V_1）如图1-81所示。

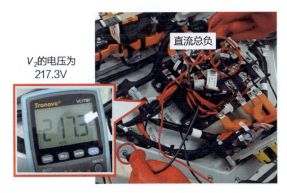

图1-80　总负对外壳的电压

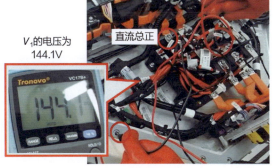

图1-81　总正对外壳的电压

步骤三：比较总正与总负的电压，进入下一步，如图1-82所示。

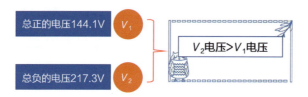

图1-82 比较总正与总负的电压

步骤四：选择100～150kΩ电阻，如图1-83所示为120kΩ 0.25W电阻。

步骤五：在 V_2 总负与外壳之间测量并联电阻后的电压 V_2'，如图1-84所示。

图1-83 电阻测量值为123.9kΩ

图1-84 测量的电压数据

步骤六：已知参数：V_2 电压为217.3V，V_2'（并联电阻后）的电压为161.3V，并联电阻值123kΩ，动力电池包最高电压为408.5V，所以总电压 $U_总 ≈ 613V$，计算方法如图1-85所示。

$$K = \frac{\frac{V_2 - V_2'}{V_2'} \times R}{U_总} = \frac{\frac{217.3V - 161.3V}{161.3V} \times 123000\Omega}{613V} = 70\Omega/V < 500\Omega/V$$

图1-85 计算结果

通过计算数值，我们已经验证出故障原因为动力电池包存在绝缘故障。在我们分解开动力电池包后也没有发现动力电池包内部有渗水现象，造成漏电原因有：1) 单体电池由于漏液造成漏电；2) 信息采集线破损导致漏电（存在电池自燃风险）；3) BMS内部采集单元存在绝缘漏电故障。因为此车的动力电池包结构属于三级电池结构，内部一共有17个模组95个cell电芯串联组成，所以检修具体是哪一个模组存在绝缘故障，工作量较大，并且不易分解。下面有一个估算方法，可以估算出大概位置，这样检修起来就变得简单一点。

3. 估算方法

1) 测量母线总负的电压并且记录。
2) 测量当前动力电池包总电压并记录。
3) 了解车辆动力电池包总串联数据。
4) 进行计算，如图1-86所示进行参考。

$$K = \frac{母线负极对外壳的电压}{当前动力电池包的总电压} \times 动力电池包总串数$$

图1-86　估算公式

已知参数：测量当前动力电池总电压为364V，母线负极对外壳的电压为217.3V，动力电池包总串数为95S，计算结果如图1-87所示。

$$K = \frac{母线负极对外壳的电压}{当前动力电池包的总电压} \times 动力电池包总串数$$

$$K = \frac{217.3V}{364V} \times 95 \approx 57$$

图1-87　计算结果

根据上图所测试的结果进行估算，动力电池包漏电电芯大约为第57S的电芯或对应采集线和BMS内部采集模块存在绝缘故障。动力电池包内部具体哪一个是57S的电芯，又在哪一个动力电池模组内呢？估算电芯位置如图1-88所示。

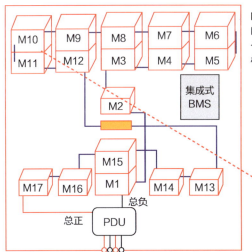

M1为模块1，从M1动力电池模组总负极开始计数为1，M1、M2为5串，后侧从M3至M12动力电池模组，每一个动力电池模组为6串进行计数，漏电电芯大约在M10横线动力电池模组的第5串

图1-88　估算电芯位置

4. 故障排除

拔下M10动力电池模组采样线束后，再测量其绝缘阻值在合理区间，检查采集线无破损，原因为集成式BMS动力电池管理器故障，如图1-89所示。

解决方法：更换集成式BMS后故障解决。

5. 维修总结

知结构懂原理是新一代维修技师必

图1-89　集成式BMS动力电池管理器故障

须具备的能力，并且维修电动汽车还需要以数据作为支撑和作为故障判断的基础，这样在判断故障时，可以锁定故障范围，减少故障误判率，为维修正在大量上市的新能源汽车打下技术基础。

第四节 动力电池故障导致上电失败诊断检修技巧

一、概述

在前面我们已经了解到影响上电的条件有：①严重欠电压；②严重过电压；③严重过温（动力电池温度过高）；④整车控制器以及其他控制器无法获取动力电池的参数（通常都是通信网络出现故障）等无法获知动力电池的参数，上电条件不满足的表现就是"上高压电失败"。因此动力电池包故障通常包括信息采集器故障，信息采集线、动力电池包漏电故障，BMS 无上电信号、BMS 故障等。

二、比亚迪元 EV360（EB 款）无法上高压电故障

1. 故障现象

客户反映车辆在行驶中异常下电，再次启动无法上电，不能行驶。组合仪表动力电池故障指示灯点亮，如图 1-90 所示。

图 1-90 组合仪表动力电池故障警告灯

2. 诊断过程与结构分析

使用诊断仪读取系统故障码，如图 1-91 所示为故障码及故障码含义。

这些故障码如何生成的？生成机理有哪些？在掌握这些内容前我们首先对 BIC 安装位置、工作原理、工作特性进行掌握后方可了解故障码的生成原理。如图 1-92 所示比

亚迪元 EV360（EB 款）动力电池包（高压配电箱），图 1-93 所示为动力电池系统参数，图 1-94 为动力电池模组与模组内部连接方式，图 1-95 所示为动力电池包内部 BIC 信息采集器分布，图 1-96 所示为动力电池管理系统框架图。通过上述图进行分析，信息采集器安装在动力电池包内部，且通信转换模块与信息采集器是串联连接，并且信息采集器与通信转换模块的电源是由 BMS 提供，通信转换模块将信息采集器采集到的信息进行运算后通过 CAN 报文形式发送给 BMS，BMS 根据接收到的报文有针对性地控制动力电池的充电/放电。

图 1-91 故障码及故障码含义

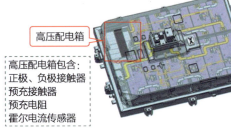

图 1-92 比亚迪元 EV360（EB 款）动力电池包（高压配电箱）

图 1-93 动力电池系统参数

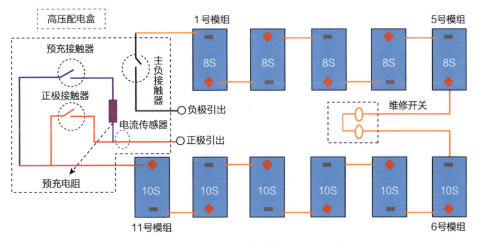

图 1-94 动力电池模组与模组内部连接方式

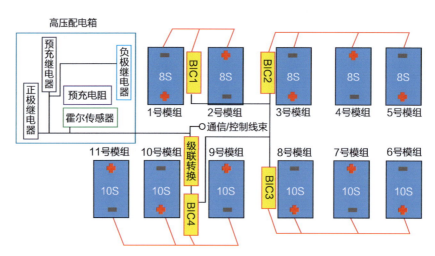

图1-95　动力电池包内部BIC信息采集器分布

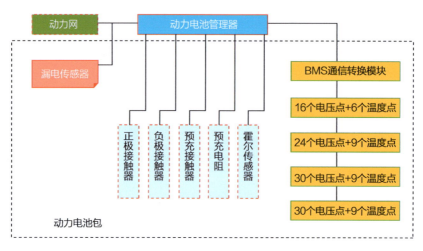

图1-96　动力电池管理系统框架图

由于动力电池包内部信息采集器或通信转换模块有一个出现问题，或者BMS未接收到上电唤醒信号，BMS向通信转换模块提供的电源出现故障后，BMS无法获取动力电池的各种信息，因而BMS将执行安全保护功能策略，正极/负极接触器无法吸合，车辆无法上高压电。因此同时出现多个BIC故障码首先要检查BMS的供电电源与接地线。

3. 诊断检修过程

1）首先检查BMS的供电电源，如图1-97所示为BMS及电源供电端子针脚。

2）经过检查，供电电源与接地线正常，进入下一步诊断。检查动力电池包信息采集器供电电源与接地以及CAN通

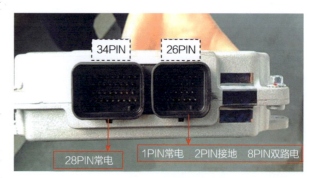

图1-97　BMS及电源供电端子针脚

信线。如图1-98所示为动力电池包插接件针脚定义说明（只含本案例中所涉及的针脚功能）。

图1-98　动力电池包插接件针脚定义说明

3）线束端针脚排列顺序说明图，如图1-99所示。

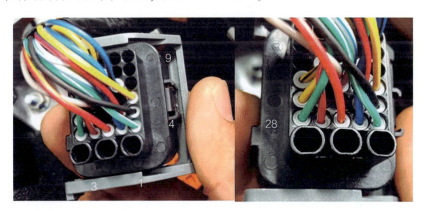

图1-99　线束端针脚排列顺序说明图

4）测量过程图，如图1-100、图1-101所示。

图1-100　测量过程图

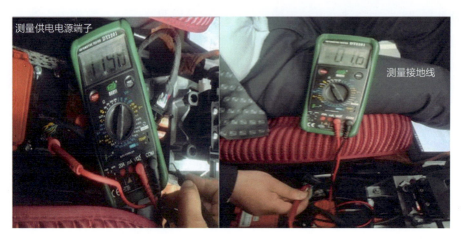

图 1-101　测量供电端子与接地端子图

5）经过检查，动力电池包的输入电源正常，接地线正常，通信正常，而 BMS 无法获取动力电池内部的信息，说明动力电池包内部信息采集器故障，由于动力电池组还在质保期内，更换动力电池包总成进行标定后故障排除。

4. 维修小结

在检修无法上电时，要了解上电条件，如果上电条件未达到，则无法上高压电，因此在了解无法上电时我们要了解车辆结构、工作原理、故障生成的原因。

三、分布式动力电池管理系统的故障模式诊断分析

1. 电压采样功能异常

电压采样功能异常模式判定：

1）电压采样异常：BMS 内部故障可能导致采集到的动力电池单体电压、总电压失真，导致车辆无法正常上电和使用。

2）当出现总电压采样过高或过低时，车辆动力系统会自动切断电源，出现异常下电，且组合仪表故障指示灯点亮。

3）使用诊断仪读取数据流获取总电压的大小。

4）当出现采集动力电池单体电芯电压过低时，车辆 SOC 进行修正（2.5V 时 SOC 为 0），车辆动力自动切断，组合仪表动力电池故障指示灯点亮告警。

5）当出现动力电池单体电压过高（>4.2V）时，车辆也会自动切断动力，组合仪表动力电池故障指示灯点亮告警。

2. 温度采样功能异常

温度采样功能异常判定：

1）温度采样异常：BMS 内部故障可能采集到的动力电池单体温度失真，导致车辆无法正常使用。读取动力电池包数据流如果温度偏差超过 10° 以上或者 -40°、110° 都需要检查采

样温度点以及信息采集器。

2）当出现温度采样异常严重时，车辆动力会自动切断，仪表动力电池过热且""故障指示灯点亮。

3. 供电电路故障

BMS 熔丝熔断：

1）BMS 动力电池管理器熔丝熔断的原因通常都是由于外部电流过大导致，从而使 BMS 无法正常供电工作。

2）熔丝熔断后的现象，动力电池管理器没有工作电压所以无法工作，不能与其他模块进行信息交互，车辆无法上高压电。

4. 动力电池子网通信异常

1）信号采集异常（包括漏电检测信号、碰撞信号、动力电池电流信号等）。

2）BMS 其他故障（充电管理、放电管理、高压接触器控制、动力电池均衡、数据记录、SOC 计算功能、SOH 计算功能）。

第五节　互锁监控系统导致上电失败诊断检修技巧

一、概述

电动汽车/混合动力汽车在上电过程中，BMS 有一个监测上电条件为"互锁回路不完整"，如果在行驶中监测到互锁回路不完整，就会切断正/负极接触器，车辆动力被切断。如果在上电过程时，BMS 将控制接触器不能吸合。下面以实战案例进行分析互锁诊断。

二、全新一代唐 DM 车型 EV 功能受限（互锁故障诊断）

1. 故障现象

车辆有时报 EV 功能受限，熄火后重新启动有时正常，行驶一段时间又报 EV 功能受限。如图 1-102 所示为组合仪表故障提示图。

2. 结构与步骤分析

1）首先使用诊断仪进入动力电池管理系统，读取 BMS 系统故障码，显示"P1A6000 高压互锁一故障"，如图 1-103 所示为 BMS 所储存的故障码。

图1-102 组合仪表故障提示图

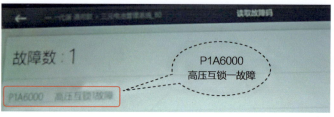

图1-103 BMS所储存的故障码

2)有了故障码后,我们要知道全新一代唐"环路互锁"的结构与工作示意图,全新一代唐互锁有三套互锁监控电路。如图1-104所示为全新一代唐互锁环路电路原理图(3.3kW互锁环路原理图),图1-105为高压互锁一原理示意图,图1-106为高压互锁二原理示意图。

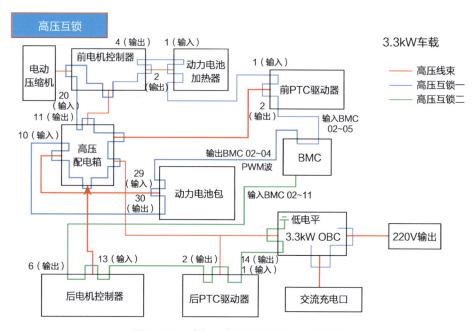

图1-104 全新一代唐互锁环路电路原理图

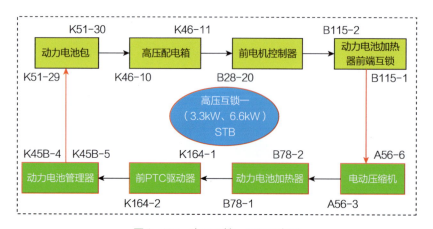

图1-105 高压互锁一原理示意图

3）清除故障码启动车辆故障有时会消失，行驶一段时间又会出现同样的故障码。

4）根据高压互锁一的控制原理，前机舱的高压互锁容易检查，高压配电箱和动力电池管理器检测拆卸复杂。先检查前机舱的高压互锁。检查高压插接件，检查前驱动控制器及空调各个高压端子都插接牢靠。测量前电控高压互锁低压端子B28-4和20号针脚之间是导通的，说明前电控上各高压互锁正常。测量动力电池加热互锁也正常。

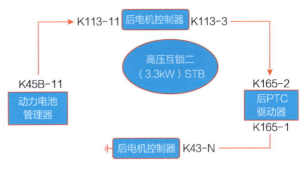

图1-106　高压互锁二原理示意图

5）动力电池加热器前端互锁端子1号与2号针脚导通，说明动力电池前端加热器互锁正常。如图1-107所示为动力电池加热器前端互锁图。

图1-107　动力电池加热器前端互锁图

6）检查电动压缩机互锁，测量电动压缩机低压端3号和6号端子不导通，拔下电动压缩机的高压插接件，互锁端子正常，重新插上测量3号和6号端子还是断开，直接把3号和6号端子短接车辆后可以上电，路试正常，电动压缩机内部互锁线路故障，如图1-108所示为电动压缩机互锁端口。

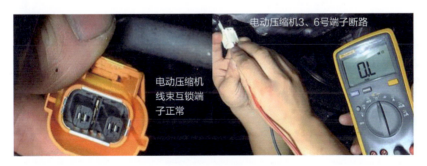

图1-108　电动压缩机互锁端口

三、帝豪EV450故障案例

1. 故障现象

客户反应，车辆无法行驶同时无法进行充电，请求检修。

2. 故障验证

打开点火开关上电,组合仪表 READY 指示灯不点亮,同时组合仪表整车故障指示灯点亮,如图 1-109 所示。

3. 诊断过程

按照传统的检修方法进行检修,首先使用诊断仪读取系统故障码,在读取 VCU 故障码时发现存在"互锁环路不完整"的故障码,如图 1-110 所示。

图 1-109 组合仪表故障

图 1-110 故障码

诊断检修技巧:在判断互锁故障时,我们首先要熟悉车辆互锁电路走向以及互锁监控方法,针对帝豪 EV450 车型,互锁环路如图 1-111 所示。

分析:帝豪 EV450 互锁环路完整性是由整车控制器进行监控,通过 B 插接件 76 输出,A 插接件 58 输入来进行监控,其互锁电路采用串联分别监控:驱动电机控制器及 DC/DC 变换器-OBC-高压配电箱-电动压缩机-PTC 高压连接线的完整性。

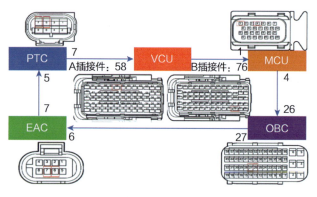

图 1-111 帝豪 EV450 高压互锁环路

帝豪 EV450 互锁监控监测方案如图 1-112 所示。使用示波器,在互锁环路完整的情况下,B 插接件 76PIN 有方波波形,使用万用表测量,其电压为 5V 的直流电压。

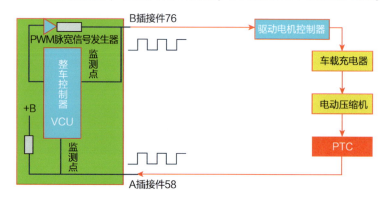

图 1-112 帝豪 EV450 互锁监控监测方案

帝豪 EV450 互锁电路检修诊断如图 1‑113 所示。

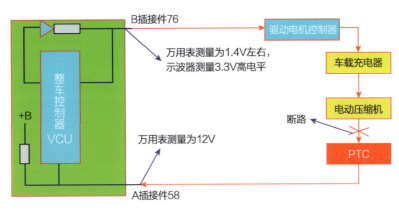

图 1‑113　帝豪 EV450 互锁电路检修诊断示意图

分析：假设电动压缩机至 PTC 之间的互锁电路断路后，使用万用表测量电动压缩机低压插接件的互锁输出电路为 1.4V，则说明断点在电动压缩机之后。如果测量 PTC 互锁输入电路为 12V，则说明 PTC 内部及高压电缆端子正常，原因为电动压缩机至 PTC 输入之间的线路存在断路。

四、高压互锁监控电路诊断技巧

1）根据故障码提示内容进行检修，故障码是当前发生还是偶发性故障，要有诊断区别。例如本案例属于"当前故障"，确认故障码是否真实存在，利用数据流获取互锁状态数据，如图 1‑114 所示为高压互锁一状态数据为"锁止"状态数据，证明故障存在可靠性。

2）若故障码真实存在，首先要了解车辆互锁电路的连接方向，然后根据互锁电路的连接使用万用表验证和测量，例如本案例若 BMS 容易拆检，我们可以通过 BMS 的输出针脚与输入针脚的导通情况进行测量，如图 1‑115 所示为 BMS 安装位置。

3）随后根据 BMS 针脚功能进行测量，如图 1‑116 所示，拔下 BMS 插接件，使用万用表测量 BMS 线束端针脚

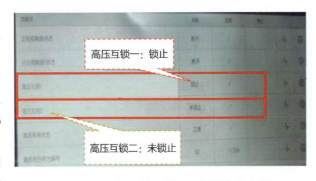

图 1‑114　高压互锁一状态数据为"锁止"状态数据

K45B‑4 与 K45B‑5 的导通状态。如果在测量中 K45B‑4 与 K45B‑5 不导通，则进入下一步诊断。按照高压互锁电路连接示意图进行检测，在测量时使用万用表的欧姆档位，一只表笔测量低压插接件互锁输入，另一只表笔测量低压插接件互锁输出，如图 1‑117 所示为全新一代唐高压配电箱互锁电路回路。

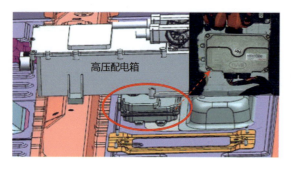

图1-115 BMS安装位置

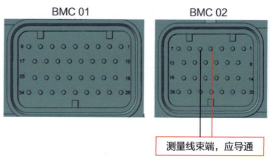

图1-116 测量BMS线束端针脚K45B-4与K45B-5导通状态

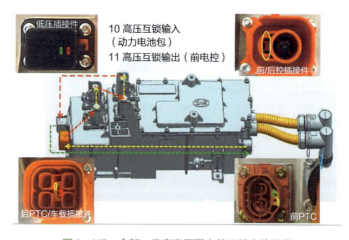

图1-117 全新一代唐高压配电箱互锁电路回路

4)针对偶发间歇性故障,在诊断时借助诊断仪读取数据流,在检修时摇动高压线束,若在摇动时出现锁止数据流由接通变为断开状态,这时应检查对应高压互锁接口是否接触不良。

5)在高压互锁回路监控中往往是通过低压插接件输入和输出,通过内部的高压互锁针脚来监控高压互锁状态。

高压互锁回路完整是新能源汽车能够上高压电的必要条件,必须接通高压互锁回路,才能正常上电。高压互锁系统故障原因有高压互锁回路故障和电子控制系统故障两种,且一定不能忽略电子控制系统的故障。

以比亚迪e5的高压互锁回路进行说明:高压互锁是由BMS来检测的,由BMC 01的1号针脚(W线)输出PWM信号,经过PTC、高压电控总成、动力电池包后再回到BMC 02的7号针脚(W线),如图1-118所示为比亚迪e5高压互锁回路。

在BMS报高压互锁故障时,我们首先需要通过测量BMC 01的1号针

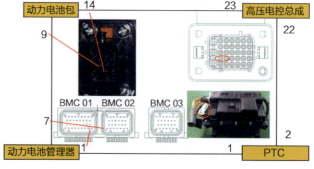

图1-118 比亚迪e5高压互锁回路

脚与 BMC 02 的 7 号针脚（线束端）是否导通来判定真高压互锁还是假高压互锁；若导通，则为 BMS 误报，确认 BMS 本身有无故障；如不导通，则需要根据高压互锁回路来进一步确认高压互锁的故障点。

第六节　接触器烧结导致上电失败诊断检修技巧

一、概述

电动汽车/混合动力汽车的高压配电箱基本上包含了正极/负极接触器、预充接触器等三个接触器，在上电过程时有一个条件就是要检测"接触器烧结"，如果接触器烧结，BMS 动力电池管理器则会处于安全保护状态，正极/负极接触器不能闭合，车辆无法上电。

检测接触器烧结通常采用两种方法，第一种方法是：高压放电控制回路中接触器烧结检测方法。高压放电控制回路包括动力电池、正极接触器、负极接触器、预充接触器、预充电阻以及带有预充电容的驱动电机控制器，正极接触器的一端与动力电池正极相连接，负极接触器与动力电池负极相连接，正极接触器和负极接触器的另一端带有预充电容的驱动电机控制器，预充电阻和预充电容串联后与正极接触器并联，高压放电控制回路正常工作时正极和负极接触器闭合，预充接触器断开，如图 1-119 为系统工作原理图。接触器烧结检测方法包括：控制正极接触器、负极接触器或预充接触器的通断，并检测通断过程中预充电压的变化，根据检测到的预充电压变化判断正负极接触器是否烧结。

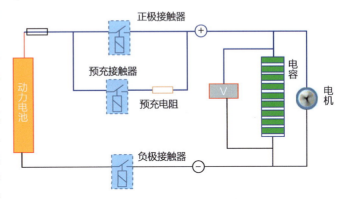

图 1-119　系统工作原理图

检测正极接触器是否烧结的方法步骤：断开正极接触器后检测所述预充电容的一次电压，并且与动力电池两端的电压进行比较，根据比较结果判断正极接触器是否烧结。

烧结检测过程诉述：BMS 在下电时检测记忆下电时接触器的状态，在上电时，BMS 控制负极接触器闭合（北汽新能源车型 VCU 控制负极接触器闭合）后，如果预充电容两端的电压突变上升，BMS 确定正极接触器触点粘连烧结。如果电压缓慢上升则确认为预充接触器粘连烧结（预充接触器烧结故障概率较低），在下电时首先断开负极接触器，如果此时预充电容两端的电压没有变化，则确认负极接触器触点粘连烧结。

部分车型在下电时首先断开正极接触器，如果预充电容两端的电压仍旧等于动力电池的电压，BMS 会记忆正极接触器粘连烧结故障码。在上电时首先让预充接触器吸合，如果此时电压缓慢上升，BMS 确认为负极接触器触点粘连烧结。

以上接触器烧结检测方法采用上电与下电的顺序来进行检测，这种烧结检测方法适用于目前大多数新能源汽车。

第二种烧结诊断检测方法，采用光耦检测元件进行烧结检测，它采用的是在光耦模块控制策略进行主动侦测接触器是否粘连烧结。并且将采集到的烧结信号传输到 BMS，BMS 记忆烧结故障代码，如图 1-120 所示为光耦烧结检测元件工作原理示意图。

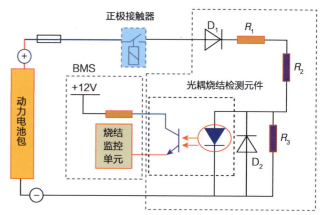

图 1-120　光耦烧结检测元件工作原理示意图

电动汽车/混合动力汽车接触器烧结检测控制过程分析：当高压接触器（以正极接触器为例）烧结时，动力电池的高压直流电经过烧结检测模块内部分压电路后降为 5V 左右进入光耦模块，触发导通光耦模块另一侧的采样电路，BMS 接收到此信号后会记忆接触器触点烧结的故障码。比亚迪 e6 接触器烧结检测采用的就是光耦烧结检测法。

二、实战案例：比亚迪 e6 主接触器内部触点烧蚀

1. 故障现象

组合仪表的动力系统故障指示灯点亮如图 1-121 所示。

2. 诊断过程

1）使用诊断仪（ED400）读取故障码显示以下 3 个故障：如图 1-122 所示为系统故障码。

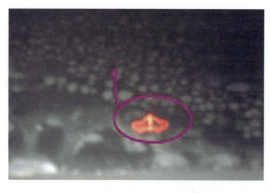

图 1-121　组合仪表的动力系统故障指示灯点亮

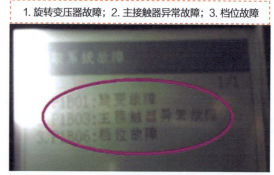

1.旋转变压器故障；2.主接触器异常故障；3.档位故障

图 1-122　系统故障码

2）清除整车故障码后对车辆重新上电，再读取故障码只有"主接触器异常故障"这一个故障码，没有出现其他两个故障码，说明主接触器异常故障是真实存在的。根据比亚迪 e6

这辆车的配置进行原因分析，很可能就是主接触器异常，在检修中如果直接去更换主接触器太草率，因为此接触器安装在后排座椅下方，需要拆卸很多部件，所以需要从其他部位进行验证。

验证1：上"OK"档，测量DC/DC变换器输出电压为13.98V，然后关闭开关（一键启动退回到OFF档位），测量DC/DC变换器输出为13.98V如图1-123所示测量DC/DC变换器低压输出电压。

验证2：在"OFF"档，测量DC/DC变换器和空调驱动器输入端的电压为318.8V，说明PDU配电箱内部主接触器粘连（烧结），如图1-124所示为DC/DC变换器及空调驱动器直流母线输入端高压直流电。

图1-123 测量DC/DC变换器低压输出电压

图1-124 DC/DC变换器及空调驱动器直流母线输入端高压直流电

从以上两个验证点可以证明主接触器内部触点粘连，如图1-125所示为高压配电箱电路原理图。

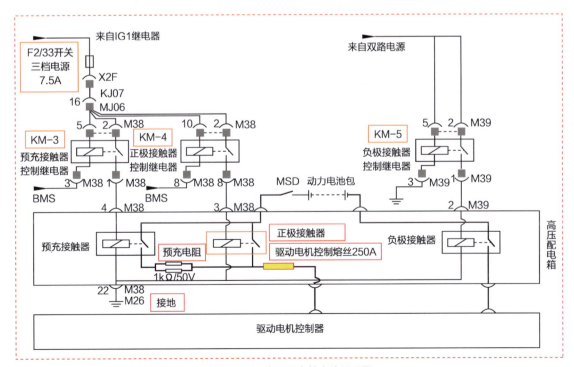

图1-125 高压配电箱电路原理图

3)退电 OFF 档位,按照维修步骤进行规范操作,拆卸后排座椅,带上绝缘手套,拔下维修开关,拆开高压配电箱上盖,测量主接触器触点的导通性。如图 1-126 所示为高压配电箱主接触器位置及测量位置。

4)测量中发现主接触器触点导通,并且导通阻值在 0.4Ω,说明主接触器内部触点粘连,如图 1-127 所示测量接触器输入触点和输出触点的导通性(正常状态的接触器,在接触器线圈未通电时,触点应为断开状态,接触器线圈通电后线圈产生磁场触点应导通),如图 1-128 所示为接触器线圈未通电的触点状态。

图 1-126 高压配电箱主接触器位置及测量位置

图 1-127 测量接触器输入触点和输出触点的导通性

图 1-128 接触器线圈未通电的触点状态

5)更换正极接触器后故障排除。

三、比亚迪元 EV360 接触器烧结诊断技巧

1. 故障现象

客户描述:车辆在停车上电启动时,组合仪表报"EV 功能受限"故障,车辆无法行驶,如图 1-129 所示。

2. 故障原因

1)动力电池包故障。
2)严重漏电故障。
3)互锁环路不完整。
4)接触器故障。
5)低压线路故障。

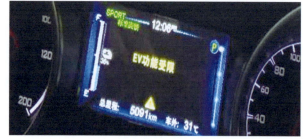

图 1-129 组合仪表信息显示屏报"EV 功能受限"

3. 诊断过程

使用诊断仪扫描系统故障码,因为组合仪表信息显示屏上已经提示了"EV 功能受限",说明系统存在故障,BMS 读取故障码如图 1-130 所示。

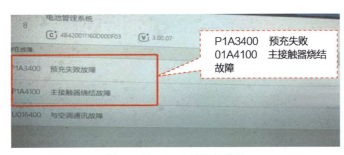

图 1-130　BMS 读取故障码

4. 故障码设置条件

1）预充失败故障码设置条件说明 BMS 在自检过程中上电条件已经满足，可以排除动力电池故障和高压互锁绝缘故障，BMS 低压上电唤醒电路正常，从这两个故障码进行综合分析，这个故障码属于从码。

2）第二个故障码含义是主接触器烧结故障，BMS 在控制接触器预充电时首先闭合预充接触器后再闭合负极接触器，当闭合负极接触器时驱动电机控制器高压电容的电压立即达到当前动力电池包的电压，BMS 就会判定为主接触器烧结故障，因而连带报出预充失败故障。

3）接触器烧结分为假性故障和真性故障，在诊断时记录故障码后清除故障码，尝试上电，若上电成功并且不再提示此类故障码为假性故障，需要扫描系统升级，如果仍旧不可以上电并且再次报出此类故障码，说明故障为真性故障，需要进行检修。

检修过程：

1）在检修中首先了解车辆接触器的安装位置，此车的接触器与动力电池集成在一起，如图 1-131 所示。

2）了解主接触器、预充接触器、负极接触器的关系，如下图 1-132 所示，预充接触器与主接触器的关系是并联关系。

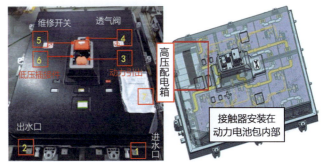

图 1-131　动力电池包内部集成了接触器

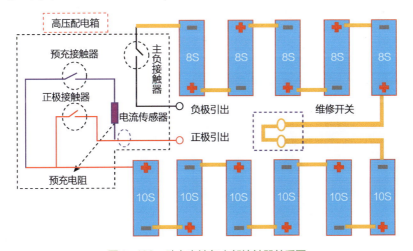

图 1-132　动力电池包内部接触器关系图

3）此车的 BMS 安装在副驾驶座椅下方，并且接触器同样是由 BMS 来进行控制，因此我们需要掌握动力电池包的低压插接件针脚功能与定义，如图 1-133 所示为元 EV360 动力电池包低压插接件针脚定义图。

4）掌握了以上基本资料后，再进入下一步诊断，第一步拆卸中央通道后拔下动力电池包的直流母线正极与负极。第二步找出动力电池包负极接触器电源与控制端子，如图 1-134 所示。

端口号	端口名称	线束接法
4	级联模块 CAN-L	电池管理器 01-10
5	级联模块屏蔽地	电池管理器 01-02
6	负极接触器电源	电池管理器 01-16
10	级联模块 CAN-H	电池管理器 01-01
11	级联模块供电+12V	电池管理器 01-03
13	负极接触器控制	电池管理器 01-29
16	级联模块供电地	电池管理器 01-11
18	正极接触器电源	电池管理器 01-07
19	正极接触器控制	电池管理器 01-22
20	预充接触器电源	电池管理器 01-07
22	电流霍尔信号	电池管理器 01-26
23	电流霍尔信号屏蔽地	电池管理器 01-19

图 1-133　元 EV360 动力电池包低压插接件针脚定义图

图 1-134　动力电池包负极接触器电源与控制端子

注：为什么要找出动力电池包负极接触器电源和控制端子呢？因为我们在测试时，只能控制负极接触器吸合后，再使用万用表测量动力电池包的母线正极与负极，如果有电压，就说明接触器已经烧结。

5）测量过程，将动力电池包插接件的负极接触器电源端子和控制端子分别接在低压蓄电池正、负极上，然后使用万用表测量动力电池包输出直流母线正极和直流母线负极，观察有无电压，如图 1-135 所示。

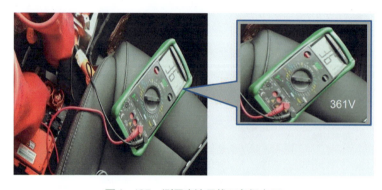

图 1-135　测量直流母线正负极电压

5. 测量结果与故障排除

此故障动力电池包内部高压配电箱主接触器烧结导致，由于车辆动力电池包还在三包期，更换动力电池包后故障排除。

第七节　过温导致上电失败诊断检修技巧

一、概述

电动汽车过温导致上电失败，往往在初次上电时，不易出现此故障，但是在行车中出现高温，在温度达到上限值后就会下电，这种下电就是异常下电。过温所包含的项目有：动力电池过温、驱动电机过温、驱动电机控制器过温。在过温前系统开始出现报警，在温度过高报警时会限制车辆功率。

二、实战案例

1. 故障现象

一辆比亚迪全新一代唐 DM，车辆在上电 OK 时切换成 HEV，组合仪表提示"EV 功能受限"，如图 1-136 所示组合仪表提示"EV 功能受限"。

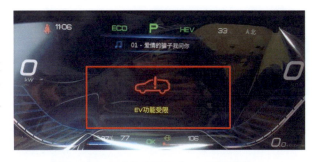

图 1-136　组合仪表提示"EV 功能受限"

2. 诊断过程

1）读取后驱动电机控制器模块故障码为：后驱动电机过温告警、后驱动电机控制器高压欠电压、与整车控制器通信故障，清除故障码后对车辆重新上电，故障依旧。读取系统故障码只显示一个故障码为后驱动电机过温告警，如图 1-137 所示为读取后驱动电机过温故障码。

2）读取后驱动电机控制器模块数据流显示驱动电机温度为 149℃、IPM 散热器温度为 37℃，两个数据明显异常，如图 1-138 所示为后驱动电机系统数据流。后驱动电机控制器内部基板温度在正常范围内，而驱动电机温度异常（149℃），初步判定冷却系统正常，因而进入下一步诊断检修。

3）在环境温度是 26℃时，测量后驱动电机绕组温度传感器 H02-6 端子与 H02-3 端子，阻值为 1.21kΩ，常温（25℃）下驱动电机温度传感器正常阻值应为 100kΩ 左右，所测量的驱动电机温度传感器阻值明显异常（只有 1.21kΩ），如图 1-139 所示为检测驱动电机温度传感器的异常数据。

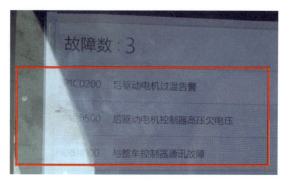

图1-137 读取后驱动电机过温故障码

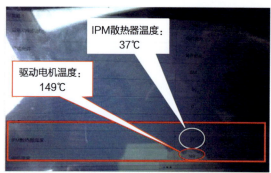

图1-138 后驱动电机系统数据流

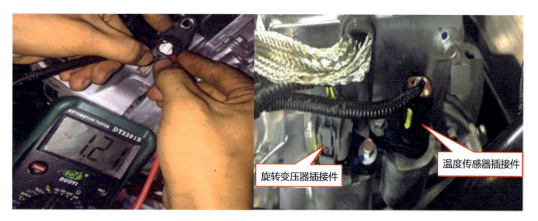

图1-139 检测驱动电机温度传感器的异常数据

4）正常驱动电机温度传感器对照表，见表1-1。

表1-1 正常驱动电机温度传感器对照表

序号	温度/℃	阻值/kΩ
1	0	380
2	10	220
3	25	100
4	100	5.5
5	140	1.7

5）由于车辆在质保期内，且维修驱动电机温度传感器需要分解驱动电机，所以更换驱动电机总成后故障排除。图1-140所示为驱动电机温度传感器插接件布置图。

考考你：下面的异常数据流，如果是你应该从哪一方面进行检查？异常数据流如图1-141所示。

无法上电及异常下电故障诊断与检修

图1-140 驱动电机温度传感器插接件布置图　　图1-141 异常数据流

三、精华诊断分析

从数据流图片进行分析，当前驱动电机转矩为0，当前转速为0，驱动电机控制器温度96℃（最高温度67℃，超过85℃开始报警并且下电），IGBT温度达到108℃（最高温度>100℃会下电），驱动电机温度124℃（最高温度>115℃会下电），而此时以上的温度都大于目标温度上限值，车辆会切断动力，异常下电，这时我们重点分析温度为什么这么高，首先了解车辆的冷却系统管路路径，只有了解冷却系统路径，我们才可以进行有针对性的检查，如图1-142所示为冷却系统组成及冷却路径。

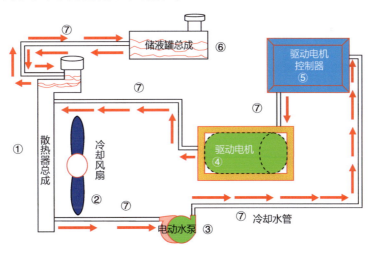

图1-142 冷却系统组成及冷却路径

通过冷却系统组成及冷却路径分析，这款车型冷却部件只有驱动电机控制器、驱动电机这两个部件。如果同时出现这两个问题，应检查他们的共同点，第一，检查冷却系统是否缺少防冻液；第二，电动水泵及控制电路存在故障。

帝豪EV300读取驱动电机控制器数据流，是正常的数据流，因而在数据流显示"IGBT温度""定子温度"及紧急关断标志位，如果紧急关断标志位显示"0"则代表没有紧急关断的指令，如图1-143所示为帝豪EV300驱动电机控制器数据流。

动力电池包最佳工作温度在 25℃，一旦温度过高后会造成动力电池热失控，因此 BMS 必须要采集动力电池的温度，保障动力电池的最佳温度，从而延长动力电池的使用寿命。当动力电池包温度 >50℃ 限功率，温度 >55℃ 无法上高压电，导致整车加速无力或无法上电行驶如图 1-144 所示为动力电池异常温度数据流。

图 1-143　帝豪 EV300 驱动电机控制器数据流

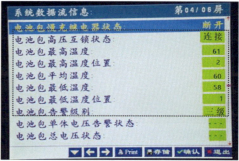

图 1-144　动力电池异常温度数据流

动力电池过温（温度过高）我们要根据车辆动力电池的热管理技术进行分析，动力电池热管理技术分为：自然冷却方式、强制风冷冷却方式、水冷冷却方式、液冷（水冷+空调制冷）冷却方式。表 1-2 为自然冷却动力电池与水冷冷却动力电池参数对比表。

表 1-2　自然冷却动力电池与水冷冷却动力电池参数对比表

自然冷却动力电池	水冷冷却动力电池	备注
易发生过温（温度 >50℃ 限功率，温度 >55℃ 无法上高压电故障，车辆动力被切断）	在急加速，爬坡，高速行驶等各种工况下，动力电池最高温度始终控制在 38℃ 以内，整车可以正常行驶	如果动力电池热管理系统只有水冷冷却方式，车辆需必备一散热器和冷却风扇，若动力电池热管理系统采用水冷+直冷技术，省略了散热器，则是加装了热交换器以及空调制冷转换技术

第八节　唤醒信号导致无法上电/异常下电诊断检修技巧

一、概述

在车辆上电过程中，唤醒电异常将会导致上电失败，或车辆 CAN 局域网络出现通信失败，同时也会导致上电失败。例如 BMS 未接收到上电唤醒信号，车辆无法上电。驱动电机控制器未接收到使能信号，驱动电机控制器处于待机状态（休眠状态），驱动电机控制器无法与数据总线通信，车辆无法上高压电。如果整车控制器（VCU）接到了充电 CC 连接信号，则车辆无法行驶动力会被切断。下面对一个特殊案例进行分析，重点讲解异常唤醒信号导致的车辆异常下电。

二、案例分析：北汽新能源 EC200 异常下电诊断

1. 故障现象

2017 款北汽新能源 EC200，车辆正常行驶时异常下电。拖车到维修站，发现车辆在 N 档位，READY 灯亮后，车辆会在一分钟或者几分钟后下高压电，没有一定的时间间隔。

2. 原因分析

造成异常下电的原因：
1) 绝缘故障导致。
2) 高压互锁故障导致。
3) 动力电池欠电压故障。
4) 动力电池过电压故障。
5) 动力电池过温故障。
6) BMS 故障。
7) 信息采集器故障。
8) 接触器故障。
9) 电压控制器直流母线欠电压。
10) 低压唤醒电路故障。
11) 接地线故障。
12) 低压电路故障。

3. 诊断过程

1) 车辆到维修站后，正如客户描述，一分钟后下高压电，用诊断仪观看 VCU 数据流，发现掉电后，整车状态处于 127 状态，如图 1-145 所示为整车状态数据。

2) 根据图 1-145 的状态数据进行分析，整车控制器 VCU 的慢充唤醒信号被唤醒，导致车辆异常下电。因此要了解是现在没有插枪充电，为什么整车控制器 VCU 会接收到慢充唤醒信号呢？因此我们要了解到车辆充电唤醒的控制策略。慢充唤醒条件如图 1-146 所示，图 1-147 所示为远程慢充唤醒原理。

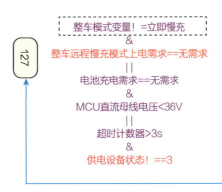

图 1-145 整车状态数据

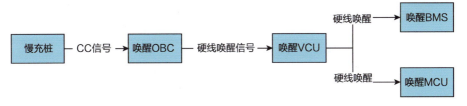

图 1-146 慢充唤醒原理

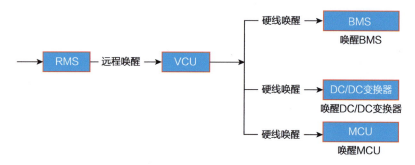

图1-147 远程慢充唤醒原理

3）根据电路图，路试检查OBC的15号针脚的电压，在出现异常下电时，15号针脚的数据正常，OBC未输出唤醒电压。检测要求：在路试前，将万用表调整到直流电压DC 20V档位，红表笔接OBC的15号针脚，黑表笔接地，然后进行路试。如图1-148所示为OBC低压插接件图示。

4）检查OBC无输出唤醒电压，接着检查远程唤醒线路，拔掉终端监控模块的线束，进行路试，故障没有出现，原因为终端模块内部异常导致在行驶时出现偶发性输出唤醒信号给整车控制器，整车控制器向其他控制模块发送唤醒信号，车辆就会出现异常下电的故障现象。

图1-148 OBC低压插接件图示

4. 维修总结

通过本案例你了解到了哪些知识呢？在上电过程中，不仅高压条件要满足，同时低压条件也要满足，并且车辆局域网通信要正常。条件满足车辆方可上电成功，因此在维修新能源汽车要学会看电路图及电路图分析，这样才可以事半功倍。

第二章

驱动系统故障诊断与检修

第一节 驱动系统常见故障分析

驱动系统的电机是电动汽车终端执行的高压部件,驱动电机控制器是决定电机工作性能的关键部件。驱动电机控制器要与整车控制器、BMS 进行通信,实时信息传输,并且整车控制器要根据采集的整车运行状态来对驱动电机进行精确控制。驱动电机控制器工作原理框架图如图2-1所示。

驱动系统是以驱动电机控制器为桥梁,上游电路为整车控制器、BMS。整车控制器负责收集加速踏板位置传感器信号、制动信号等,并将收集到的信号通过报文形式发送指令给驱动电机控制器,驱动电机控制器根据整车控制器的指令执行电机的工作状态。同样,BMS 采集和控制动力电池信号及动力电池电能输出信号,并将采集到的信息以 CAN 形式发送给数据总线。

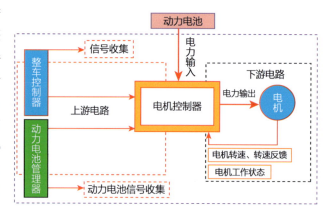

图2-1 驱动电机控制器工作原理框架图

驱动系统常见故障有:高压侧电压过高、高压侧电压过低、低压侧电压过低、低压侧电压过高、低压侧电流过流、CAN 通信故障、缺相故障、绝缘故障、驱动电机控制器过温、电机过流、旋转变压器传感器故障、电机抖动、驱动电机控制器无应答。

第二节 驱动电机控制器常见故障及诊断方法

驱动电机控制器出现故障时,整车通常表现为无 EV 模式,仪表"动力系统故障灯"点亮,使用诊断仪进入"驱动电机控制器"模块读取数据流和故障码,出现两种情况,其中一种为"系统无应答",需要进行全面诊断,另外一种需要根据相应故障码进行诊断。

一、使用诊断仪读取"系统无应答"

诊断方法：

1）检查低压插接件相关的引脚（根据电路图针脚功能进行检查），如果有异常，则检查低压电路。

2）检查低压插接件，包括低压回路（电源、接地）、CAN 通信、唤醒使能信号。

3）如果检查以上均正常，证明驱动电机控制器内部故障，更换驱动电机控制器。

二、故障码报"电机过流"

"电机过流"是指驱动电机控制器向电机提供的电流超过了驱动电机控制器的目标电流，此时驱动电机控制器就会储存"电机过流"故障。

诊断方法：

1）读取驱动电机控制器模块的故障码，确认是否可以清除。若可以清除，验证车辆是否可以行驶。如可以行驶后，确认故障码和故障现象是否再现。如果再现，进行下一步诊断。

2）检查电机是否异常，通过两两测量电机三相阻值，阻值差应不超过1Ω，如图2-2所示为定子线圈阻值测量。

3）问诊车辆是否出现过高温，特别是"电机过温"的现象。如果出现过，可能造成电机转子磁场减弱。一旦磁场减弱，驱动电机控制器给定子线圈提供的旋转磁场与转子不同步，驱动电机控制器接收到的旋转变压器传感器信号与提供电流不匹配情况下，驱动电机控制器就会加大电流输入至电机定子线圈，驱动电机控制器就会报出"电机过流"的故障码。

4）如果电机正常，则证明驱动电机控制器内部故障（旋转变压器解码器芯片故障或电流传感器故障）。驱动电机控制器内部电流传感器如图2-3所示。

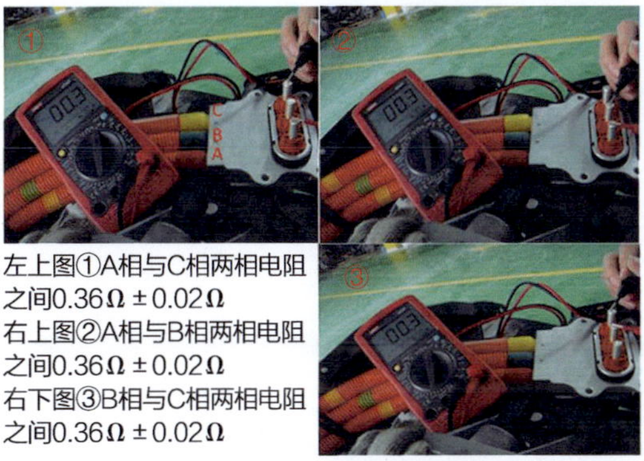

左上图①A相与C相两相电阻之间0.36Ω±0.02Ω
右上图②A相与B相两相电阻之间0.36Ω±0.02Ω
右下图③B相与C相两相电阻之间0.36Ω±0.02Ω

图2-2 定子线圈阻值测量

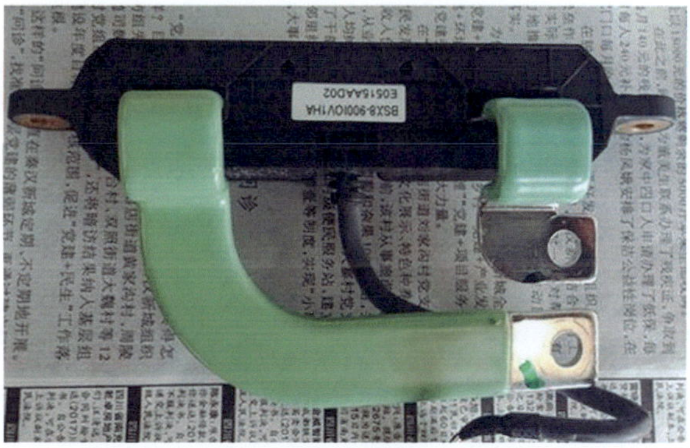

图2-3 驱动电机控制器内部电流传感器

三、故障码报"IPM 故障"

1. 诊断方法

1）检查直流母线到三相线的管压降是否正常，如果不正常，更换驱动电机控制器总成。

2) 如果管压降正常，确认是否还储存其他类故障码，应根据其他故障码进行排查，通常情况下如果出现"IPM 故障"并且还存在其他类故障码，这时首先要考虑驱动电机控制器内部故障。

2. 实战案例分析：全新一代比亚迪唐后驱动电机控制器故障

故障现象：
组合仪表提示"EV 功能受限"。

诊断过程：
1) 使用诊断仪扫描系统故障，显示"后驱动电机控制器故障"，进入后驱动电机控制系统模块读取故障码显示"P1C0100 后驱动电机控制器 IPM 故障"。

2) 检查后驱动电机控制器冷却系统无异常，根据故障码测量后控制直流母线到三相线的管压降，正、负极对 A/B/C 三相管压降分别为 0.336V、无穷大、0.335V、0.343V、无穷大、0.343V。发现直流母线正负极对 B 相压降异常，如图 2-4 所示。

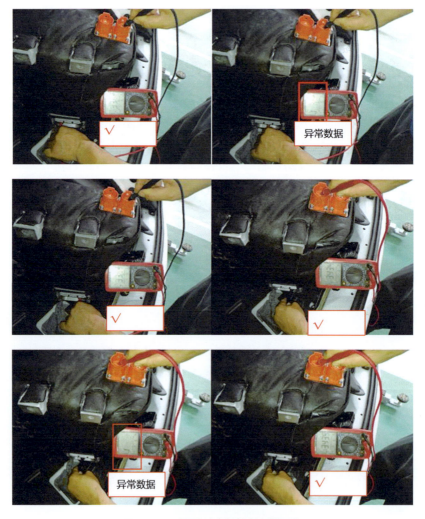

图 2-4　测量驱动电机控制器管压降

3）更换后驱动电机控制器后故障排除。

小结：

直流母线到三相线的管压降测量方法：

测量端子	万用表连接	正常值	备注
三相线 A/B/C→直流母线正极	红表笔→黑表笔	0.2~0.5V	万用表档位使用"二极管档"
直流母线正极→三相线 A/B/C	红表笔→黑表笔	三相平衡	
三相线 A/B/C→与车身接地阻抗	正极→负极	≥10MΩ	兆欧级别

四、故障码报"旋转变压器故障—信号丢失"或者"旋转变压器故障—角度异常"及"旋转变压器故障—信号幅值减弱"

1. 诊断方法

1）检查低压插接件是否插好，是否有接触不良现象。

2）退电至"OFF"档位，拆下驱动电机控制器的低压插接件。

3）根据驱动电机控制器低压插接件针脚定义测量电阻阻值（如图 2-5 所示为比亚迪唐后驱动电机控制器低压插接件排列顺序及旋转变压器针脚定义，图 2-6 为比亚迪唐后驱动电机旋转变压器传感器阻值测量）。

4）如果所测量的阻值异常，需更换旋转变压器传感器或电机总成。如果测量的阻值正常，将低压插接件完全连接后，使用刺针插在低压插接件后部，对应接在励磁绕组针脚后侧，将万用表调整至交流电压档位，点火开关处于 Key-ON，应有交流电压。如果无电压，则证明驱动电机控制器内部旋转变压器传感器解码器损坏。如果有电压，把旋转变压器传感器插接件拔下来，点火开关处于 Key-ON 并将万用表调整至直流电压档，一只万用表笔接地，另一只万用表笔分别测量正弦+、正弦-、余弦+、余弦-，应该有 2~2.5V 的电压，如图 2-7 所示测量比亚迪秦旋转变压器传感器励磁绕组交流电压，图 2-8 所示测量比亚迪秦旋转变压器传感器正弦、余弦绕组直流偏置电压。

励磁绕组：22-23+（8.3Ω±2Ω）
正弦绕组：8-15+（16Ω±4Ω）
余弦绕组：7-14+（16Ω±4Ω）

图 2-5 比亚迪唐后驱动电机控制器低压插接件排列顺序及旋转变压器针脚定义

旋转变压器传感器快速判断励磁绕组以及正弦、余弦绕组技巧：

①将万用表调整至 200Ω 档位。

②测量旋转变压器传感器插接件,采用两两针脚测量。

③两个阻值相等的为正弦、余弦绕组,阻值比较小且与其他两个绕组阻值不同,这一个就是励磁绕组。

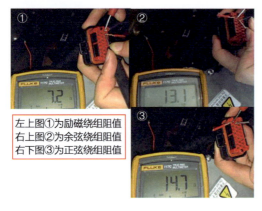
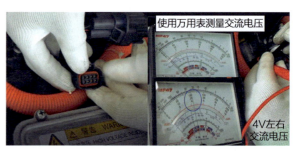

图2-6 比亚迪唐后驱动电机旋转变压器传感器阻值测量　　图2-7 测量比亚迪秦旋转变压器传感器励磁绕组交流电压

2. 实战故障案例分析

(1) 帝豪EV300组合仪表龟速指示灯点亮,限功率。如图2-9所示。

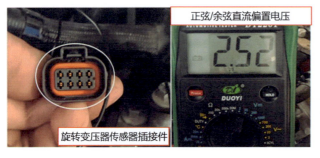

图2-8 测量比亚迪秦旋转变压器传感器正弦、余弦绕组直流偏置电压　　图2-9 组合仪表龟速指示灯点亮,限功率

诊断过程:

1) 使用诊断仪读取系统故障码,首先读取了"整车控制器VCU系统存储故障码",如图2-10所示。

2) 进入驱动电机控制器模块读取本系统所存储的故障码,如图2-11所示。

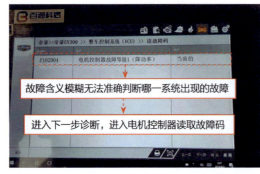
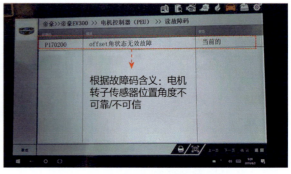

图2-10 整车控制器VCU系统存储故障码　　图2-11 驱动电机控制器存储故障码

3）根据故障码分析，驱动电机控制器认为旋转变压器传感器所提供的信号不可信/不可靠。然后读取系统数据流，如图2-12、图2-13所示分别为数据流正常、异常数据，图2-14~图2-16所示为正常、异常数据流。通过这些数据流我们发现电机转子偏移度超过了规定值的41°±2°。数据流上显示电机转子偏移度已经超过了规定值，所以使用诊断仪标定偏移角。【标定方法：操作启动开关使电源至ON状态，根据电机铭牌上的标准值重新标定转子偏移角，确认标定完成。】

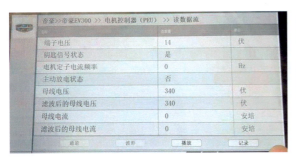

图2-12 数据流图（一）

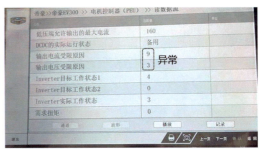

图2-13 数据流图（异常数据）

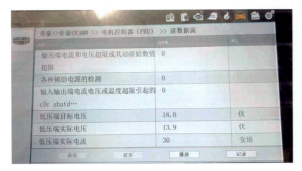

图2-14 数据流图（二）

图2-15 数据流图（三）

图2-16 数据流图异常数据

标定完成后，读取数据流，如图2-17所示为电机转子偏移度标定完成数据流。数据流正常后路试验证，行驶了大概500m后故障再次出现，通过读取异常数据流显示仍为电机转子偏移角度数据异常，经过原因分析为电机旋转变压器传感器信号触发转子故障（旋转变压器传感器电阻正常）。由于还在保修期内，更换电机总成后故障排除。

总结：在维修中要了解故障码生成原理，还要掌握原理结构，根据结构、工作原理及功能来进行分析，然后根据数据流分析故障存在的可能性，并根据维修手册所给出的维修步骤进行诊断，这样可以提高一次修复率。这个故障的根本原因是电机上的旋转变压器传感器转子位置出现了偏移，从而出现传感器输出信号的异常。

（2）2014 款比亚迪秦 DM 无法使用 EV 模式

故障现象：

车辆行驶过程中动力系统故障灯偶发点亮，同时仪表上 ESP 灯点亮，提示"请检查 ESP 系统"。重新启动后，仪表上动力系统故障灯熄灭，此时 ESP 灯仍然点亮，如图 2-18 所示为组合仪表 ESP 指示灯。

图 2-17 电机转子偏移度标定完成数据流　　图 2-18 组合仪表 ESP 指示灯

诊断过程：

1）读取驱动电机控制器故障码，有多个故障码并且无法清除，如图 2-19 所示为 ED400 所读取驱动电机控制器的故障码。

2）读取 ESP 系统故障码为 U059508：主电机 CAN 数据被破坏/中断（历史），如图 2-20 所示为 ESP 系统故障码。

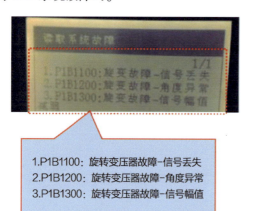
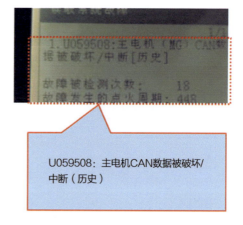

图 2-19 ED400 所读取的驱动电机控制器故障码　　图 2-20 ESP 系统故障码

原因分析：

1）ESP 报出的故障码 U059508 属于通信类故障码，故障源并不在 ESP 上，而是在驱动系统上。

2）驱动电机控制器内部故障码说明驱动电机控制器无法正确采集到旋转变压器信号，此种故障分 3 种情况，电机内旋转变压器检测异常、旋转变压器小线故障、驱动电机控制器异常。

3）旋转变压器的主要作用是检测驱动电机工作时三相高压电与电机转子运转匹配情况，其工作原理类似磁感应式传感器，驱动电机控制器与电机高压及旋转变压器连接示意图如图 2-21 所示。

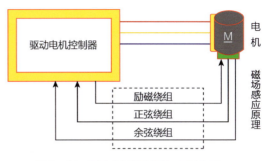

图 2-21　驱动电机控制器与电机高压及旋转变压器连接示意图

检修过程：

1）车辆到店后检查发现发动机启动时无法切换 EV 模式，驱动电机控制器数据可以看到故障循环出现的次数。

2）读取故障码为：旋转变压器信号丢失，旋转变压器角度异常，旋转变压器信号幅值减弱，电机缺 A\B\C 相。故障码可以清除。

3）从驱动电机控制器端测量，励磁阻值：9.6Ω±2Ω，正弦、余弦阻值：16.3Ω±2Ω，阻值正常，如图 2-22 所示为驱动电机控制器插接件针脚排列及旋转变压器传感器针脚。

图 2-22　驱动电机控制器插接件针脚排列及旋转变压器传感器针脚

4）根据故障检测结果与用户沟通，了解到故障是偶发性的。打开前机舱盖，晃动旋转变压器插头，此时发动机启动了，但很快又熄火了，故障灯点亮。

5）分解驱动电机端旋转变压器插头针脚，针脚无异常。再安装旋转变压器针脚及插头，路试故障未再出现，故障码不再出现。

6）再次打开前机舱盖并晃动旋转变压器线束插头，发动机启动，并很快熄火，故障码再次出现，仪表 ESP 故障灯点亮。

7）最后检查故障原因为：与驱动电机旋转变压器对接的线束端针脚未压实，导致线束虚接，如图 2-23 所示为故障位置图。

图 2-23　故障位置图

维修小结：

旋转变压器结构并不复杂，其主要作用是为了检测驱动电机工作时三相高压电与驱动电机转子运转的同步情况。当旋转变压器出现故障时，不论是间歇性，还是持续存在的故障，检测方法是一样的，关键是要确认旋转变压器的阻值、线束导通情况，当这两点能确认后，故障就很容易排除了。

五、故障码报"高压欠电压"

1. 诊断方法

1）故障码报"高压欠电压"，如果动力电池电压小于车辆动力电池的电压下限值，则需要对动力电池、高压配电箱和高压线路进行排查（通过 BMS 系统数据获取动力电池直流母线电压）。

2）用诊断仪读取驱动电机控制器直流母线电压与动力电池包的直流母线电压，如果都不正常，则检查动力电池、高压配电箱和高压线路。

3）如果驱动电机控制器直流母线电压和直流高压侧电压，一个正常，一个不正常，则需要更换驱动电机控制器。

2. 实战案例：比亚迪唐后驱动电机控制器欠电压故障诊断

故障现象：

一辆唐动力电池电量 SOC 98% 行驶时仪表提示"请检查动力系统"。由 EV 模式强制切换到 HEV 模式，手动无法切换回来。到店经检查并读取 BMS 故障为"预充失败"，后驱动电机控制器故障为"控制器高压欠电压"，如图 2-24 所示为组合仪表系统故障灯，图 2-25 所示为后驱动电机控制器高压欠电压故障图。

图 2-24　组合仪表系统故障灯

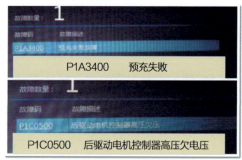

图 2-25　后驱动电机控制器高压欠电压故障图

检修过程：

1）首先读取 BMS 数据，读取到动力电池总电压为 719V（BMS 总电压为各 BIC 的累计电压，不经负极接触器），如图 2-26 所示为读取系统数据流。

2）在上 OK 电的瞬间，观察 BMS 数据显示负极接触器和预充接触器都吸合，但前后驱动电机控制器的预充电压才升至 69V，前电控直流母线电压未能达到设定值，如图 2-27 所示为系统异常数据流。

3）由此可以判断是驱动电机控制器没有接收到预充电压，判断是高压配电箱没有给出高压电或动力电池包实际没有输出母线电压。

图2-26 读取系统数据流　　　　图2-27 系统异常数据流

4）因为动力电池包暂无法直接测量其总电压，此时应先排查高压配电箱内部预充接触器、预充电阻，排除动力电池包以外的部件故障。拆下高压配电箱检查发现预充电阻阻值无穷大（正常值：200Ω），确认预充电阻烧毁。预充电阻为什么会烧毁应该是预充回路中某个高压模块或线束短路造成，应先逐步排查各高压模块。

5）测量PTC时发现其高压直流母线的正极与负极之间的电阻是792Ω（正常应>1MΩ），判断为PTC故障导致，如图2-28所示为测量异常PTC数据及正常数据。

诊断分析：

1）读取动力电池包总电压，如果总电压正常，则无须判断是否为动力电池包的故障。在判断时，首先要了解高压配电箱的结构，如果不了解结构与原理，一旦出现动力电池包的电压异常时，就会无从下手，所以掌握结构与工作原理非常重要。

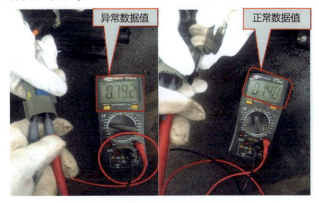

图2-28 测量异常PTC数据及正常数据

2）在上电瞬间后驱动电机控制器母线电压只有69V，说明在上电时动力电池包的电压没有通过预充接触器及预充电阻到达驱动电机控制器，所以驱动电机控制器的采样电压非常低。

造成预充电压未到达驱动电机控制器的原因：

①负极接触器故障（动力电池组内部）。
②预充接触器故障。
③预充电阻故障。
④高压控制元器件内部短路。

所以要先了解高压配电箱内部结构与原理及工作示意图，如图2-29所示为高压配电系统工作原理图，高压配电箱请参阅第二章比亚迪唐的诊断案例。

3) 如何快速诊断预充电阻是否正常？要根据高压配电箱的工作原理图进行分析后方可快速诊断测量预充电阻好坏，如图2-30所示为测量预充电阻示意图，图2-31所示为实物测量预充电阻。

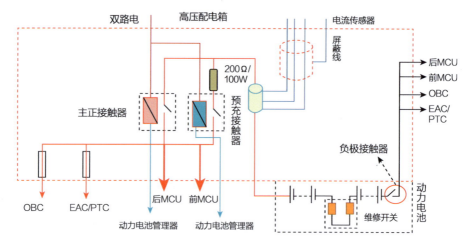

图2-29　高压配电系统工作原理图

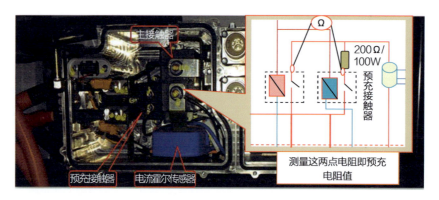

图2-30　测量预充电阻示意图

图2-31　实物测量预充电阻

4) 预充电阻为什么会烧毁？根据图2-29所示的工作原理图，如果其他高压部件控制器控制电路内部短路，造成在上电时通过预充电阻的电流过大，超过了预充电阻的极限电流，从而烧毁预充电阻。

5）要分析是哪一个高压部件存在短路导致预充电阻损坏，如何具体测量其他高压部件控制器，在后续内容进行讲解。

六、故障码报"高压过电压"

诊断方法：

1）进入驱动电机控制器读取动力电池直流母线电压数据。

2）读取其他模块的直流母线电压，如果其他模块的直流母线电压和进入驱动电机控制器所读取的电压相同，需要进行动力电池、高压配电箱和高压电缆的检查。通常这种情况是由于 BMS 工作模式失效造成在充电时充电截止电压保护功能失效，从而出现此类故障。一般出现此故障现象是车辆充电后。

3）如果其他模块的直流母线电压符合动力电池包的额定电压，唯有驱动电机控制器储存"高压过电压"这个故障码，则说明驱动电机控制器内部有故障，需要更换驱动电机控制器。

如图 2-32 所示为北汽 EC180 电动汽车电压对比数据流。

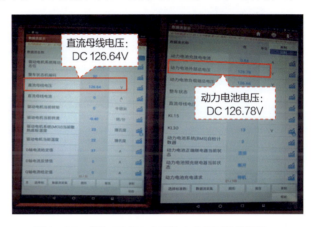

图 2-32　北汽 EC180 电动汽车电压对比数据流

七、驱动电机控制器储存"电机缺 A 相""电机缺 B 相""电机缺 C 相"

诊断方法：

1）首先检查驱动电机是否正常，通过测试驱动电机三相线阻值，两两差值不超过 1Ω，如果不正常，则更换驱动电机总成。

2）若驱动电机总成正常，则需要检查驱动电机控制器的管压降，通常情况为驱动电机控制器内部 IGBT 模块故障。

八、故障码报"驱动电机过温警告""水温过高报警""IGBT 过温报警""IPM 散热器过温故障""电动水泵驱动故障"

1. 诊断方法

1）首先读取数据流确认相关温度数值，检查驱动电机冷却回路，重点检查电动水泵及冷却系统接口的状态，听电动水泵是否有工作声音，然后用手捏住管路和手摸驱动电机外壳确认驱动电机工作状态以及工作时是否产生水压。

2）通常冷却风扇工作条件和车辆报警条件，如下所述：

①驱动电机水温：47℃~64℃冷却风扇请求低速运转；>64℃请求高速运转。

②IPM：53℃~64℃冷却风扇请求低速运转，>64℃请求高速运转，>85℃报警。

③IGBT：55℃~75℃冷却风扇请求低速运转，>75℃请求高速运转，>90℃限制功率输出，>100℃报警。

④驱动电机温度：90℃~110℃冷却风扇请求低速运转，>110℃请求高速运转。

如图2-33所示为组合仪表故障报警灯、驱动电机过温告警灯及数据流图。

图2-33　组合仪表故障报警灯、驱动电机过温告警灯及数据流图

2. 限功率故障案例分析

比亚迪e5行驶中严重顿挫案例。

故障现象：

一辆2017款比亚迪e5行驶3300km，在急加速或行驶一段路后出现严重顿挫、闯车现象；仪表故障指示灯没有提醒警告，但功率表会从25kW掉到10kW，且来回摆动，如图2-34所示为组合仪表功率表。

诊断过程：

1）使用诊断仪扫描系统故障码，系统无故障码。那么造成车辆严重顿挫的原因为：机械类故障、冷却系统故障、高压电控总成故障、驱动电机故障。

2）连接诊断仪路试，模拟客户所描述的行驶模式，发现出现严重顿挫时，VTOG数据流发现电机转矩62N·m和驱动电机功率26kW瞬间掉到0，且来回跳动。

3）进一步查看发现出现顿挫时，IGBT温度达到99℃，分析顿挫正是由于IGBT过温导致的功率限制。如图2-35所示为VTOG异常数据流。

4）检查冷却系统：电子风扇工作正常；检查电子水泵发现没有运转，测量电子水泵插接件供电电压13.41V，正常，如图2-36所示为测量电动水泵插接件电压。

图2-34 组合仪表功率表

图2-35 VTOG异常数据流

图2-36 测量电动水泵插接件电压

5）更换电动水泵后试车故障排除，查看 VTOG 数据流 IGBT 温度为52℃，恢复正常如图2-37所示为IGBT正常温度数据流。

数据流	数据值		最小值	最大值		
扭矩	0	N-M	-500	500		
功率	0	kw	-100	200		
油门深度	0	%	0	100		
刹车深度	0	%	0	100		
冷却液温度	57	℃	-40	160		
IPM散热器温度	57	℃	-40	160		
电机温度	60	℃	-40	160		
IGBT温度	52	℃	-40	160		
A相电流	2	A	0	1000		
B相电流	1	A	0	1000		
C相电流	1	A	0	1000		

图2-37 IGBT正常温度数据流

维修总结：
　　从故障症状上分析本故障是典型的降功率表现，一旦出现限流或限功率故障，通常是过温导致，例如驱动电机温度、MCU 温度、IGBT 温度异常。当急加速时或行驶一段时间后，由于电动水泵不能工作，冷却系统的冷却液无法循环，造成冷却系统温度升高，系统开启保护措施（降功率），当温度降低至合理范围时，系统自动恢复正常行车模式，从而出现客户所描述的故障症状。

第三节 驱动电机常见故障及诊断方法

驱动电机是电动汽车/混合动力汽车（使用 EV 模式行驶）的终端执行高压部件，它是将动力电池的电能转换为机械能的关键装置。驱动电机常见故障有绝缘故障、运行时振动、电流过载、驱动电机超速故障、驱动电机过温故障、旋转变压器故障、驱动电机噪声异常等故障。

一、驱动电机常见故障及诊断方法

1. 绝缘故障

故障现象：车辆无法上电，车辆不能行驶。

故障原因：驱动电机定子三相绕组绝缘故障，通常是驱动电机绕组烧损造成绝缘故障，造成驱动电机绕组烧损的原因为驱动电机在运行中温度过高，绕组出现烧损。

诊断方法：使用绝缘测试仪进行绝缘测试，其绝缘电阻应不小于 20MΩ。

为了重点说明绝缘测试仪的测试技巧，下面再次重点描述数字兆欧表的使用技巧，以便读者朋友掌握数字兆欧表的使用方法，如图 2-38 所示为数字兆欧表使用方法，图 2-39 所示为驱动电机测量示意图。

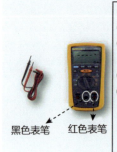

图 2-38 数字兆欧表使用方法

图 2-39 驱动电机测量示意图

2. 运行时振动

故障现象：车辆在运行时振动，驾驶舒适性变差。

诊断方法：定子三相电压不对称，检查电源供电三相电压是否平衡。车辆在运行时，电压不平衡，将会导致电流不平衡。在出现定子三相电压不平衡时，有两种方法进行检测，一种是使用钳形电流表测量，另外一种使用诊断仪。第一种方法，使用钳形电流表测量三相线电流，如图 2-40 所示。

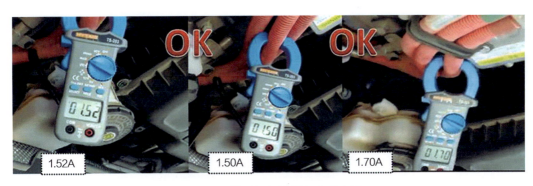

图 2-40　钳形电流表测量三相线电流

注意事项：在测量时要在相同车速、转速、转矩的情况下测量电流，电流应相等。如果在相同条件下电流不相等，需要测量驱动电机三相绕组阻值是否相等。如果阻值不相同，则需要更换驱动电机总成；如果阻值相等，则需要检查驱动电机控制器内部的 IGBT（采用测量管压降的方式进行检测）。

第二种方法使用诊断仪进行诊断，在相同条件下进行读取，如图 2-41 所示为数据流采集的三相线电流。

① 驱动电机转子运转不平衡，需要更换驱动电机总成或者进行驱动电机转子平衡处理。

② 驱动电机总成支架断裂、驱动电机及变速器悬架断裂或悬置断裂。

③ 驱动电机总成定转子气隙不均，需要检修驱动电机转子轴承是否老化，老化的同时会出现异响现象。

图 2-41　数据流采集的三相线电流

3. 驱动电机运行时高温

诊断方法：

1）驱动电机扫膛故障，检查定子与转子气隙及转轴、轴承是否正常。

2）冷却系统故障，检查冷却系统电动水泵、水泵控制电路、传感器故障（包含水温传感器、定子线圈温度传感器）、冷却液缺少或冷却液内部有气体存在。

3）驱动电机绕组故障，检查绕组是否有接地、短路、断路等故障，使用万用表测量其阻值与接地阻抗。

4. 驱动电机超速故障

整车负载突然降低，驱动电机转矩控制失效。故障原因通常为：传动轴行驶中脱落、驱动电机转子轴断裂、单档变速器内部机械齿轮故障、驱动电机控制器硬件故障，如图 2-42 所示为驱动电机转子轴断裂。

5. 驱动电机堵转故障

驱动电机堵转是指由于驱动电机在运转时会受到外部或自身原因引起机械性卡滞，造成驱动电机在运转时转子与定子所旋转磁场不同步,使驱动电机控制器接收到的旋转变压器传感器信号与驱动电机控制器内部提供的相变不匹配。一句话概括就是"外部或驱动电机转子机械卡滞导致运转不畅",如图 2-43 所示为驱动电机自身导致电机堵转故障图。

驱动电机过速故障

图 2-42 驱动电机转子轴断裂

驱动电机转子卡滞图

图 2-43 驱动电机自身导致电机堵转故障图

二、案例分析

1. 比亚迪 e6 先行者行驶中驱动电机异响抖动故障

故障现象:一辆比亚迪 e6 先行者,在行驶中驱动电机异响,车身抖动。
检修过程:使用 ED400 诊断并读取故障,读取到以下故障码:
P1B00:IPM 故障;
P1B01:旋转变压器故障;
P1B02:欠电压保护故障;
P1B03:主接触器异常故障;
P1B09:驱动电机过流故障;
B114E:电动真空泵系统失效。
清除故障码后路试,再次读取故障码显示以下故障:
P1B00:IPM 故障;
P1B01:旋转变压器故障。
根据故障码含义及故障码生成条件分析为:旋转变压器信号故障、驱动电机控制器故障。

根据故障码含义测量旋转变压器信号,测得旋转变压器信号阻值为:正弦绕组 15.8Ω;余弦绕组 45.7Ω;励磁绕组 8.9Ω,根据所测的阻值确认为旋转变压器信号错误导致故障,更换驱动电机总成后故障排除(由于驱动电机在保修期内,根据索赔政策服务商不能拆解更换旋转变压器传感器,因而更换驱动电机总成)。如图 2-44 所示为旋转变压器传感器插接件定义及标准阻值。

维修总结:在故障判断时,首先熟悉车辆驱动系统的工作原理、部件功能后根据车辆维修手册和

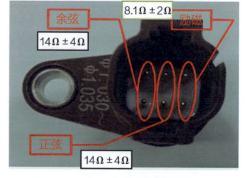

图 2-44 旋转变压器传感器插接件
定义及标准阻值

电路图了解信号端子针脚定义及标准数据，发现异常的数据后进行验证。

2. 广汽三菱祺智 PHEV 混合动力汽车"发电机堵转故障"

故障现象：组合仪表报"系统故障、联系维修"，车辆可以 READY，但发动机无法启动。

检修过程：读取系统故障码显示 P17A271，含义为发电机堵转故障，关闭 IPU，如图 2-45 所示故障码图片。

根据故障码判断为发电机或发动机机械故障。可检查发电机机械系统或发动机机械系统。先利用梅花扳手转动发动机曲轴带轮，转动圈数约为 3~4 圈。如曲轴转动顺畅，则清除故障码后重新启动发动机，观察故障是否消除。如在转动曲轴带轮时，已卡滞无法转动。则需要进一步检查发动机系统或发电机系统（可先检查机油的状态、是否已变成油泥，接着拆解发电机检查是否卡死）。如图 2-46 所示为转动曲轴带轮示意图。

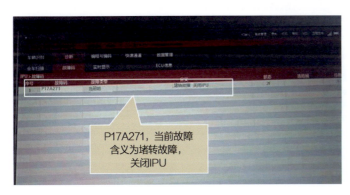

图 2-45　故障码图片

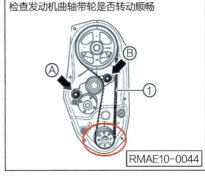

图 2-46　转动曲轴带轮示意图

技术小贴士：

祺智 PHEV 采用 1.5L 阿特金森发动机和 G-MC 机电耦合系统，G-MC 系统将发电机、驱动电机、离合器、传动齿轮以及差速器集成一体。该方案采用发动机与发电机同轴、双电机并排布置的结构，单速比传动，通过离合器/制动器的控制实现纯电动、增程、混合动力等多种模式，G-MC 系统原理示意图及实物图如图 2-47 所示。

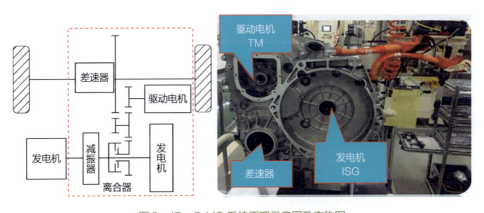

图 2-47　G-MC 系统原理示意图及实物图

自然冷却驱动电机的优点是结构简单成本较低,如图 2-48 所示。缺点是车辆怠速行驶,驱动电机温度上升快。造成的后果是驱动电机电流过大、噪音大、甚至造成驱动电机三相绕组温度升高,车辆降功率,容易造成绝缘故障。

驱动电机控制器产生过电流的原因汇总及分析:

驱动电机过电流是电动汽车或混合动力汽车驱动电机控制器的常见故障,其主要体现在突变性和峰值性电流值,具体驱动电机控制器产生过电流的原因有哪些?其故障表现是怎样的?

1)驱动电机相与相短路,导致驱动电机控制器之间的电流传感器采集的电流过大,出现过电流后其故障通常表现为加速缓慢或车辆根据自身的蠕行功能行驶,不能急加速,一旦急加速就会出现过电流,严重时车辆无法行驶,电机定子绕阻之间短路如图 2-49 所示。

图 2-48 自然冷却驱动电机

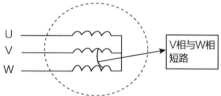
图 2-49 电机定子绕组之间短路

如图 2-49 所示,如果严重短路将会造成车辆无法行驶,由于驱动电机定子绕组之间的阻值非常小,使用普通万用表无法测量出内部短路故障。判断技巧为将驱动电机控制器的三相输出线拆下后将驱动轮悬空,转动驱动轮,如果在转动时每一周转动的轻重程度不同(将驱动轮的制动分泵最好拆下测试),说明驱动电机内部定子绕组出现了组与组之间短路。

如何判断驱动电机控制器三相交流线短路呢?在测试时将驱动轮悬空后,转动驱动轮,如果此时出现轻重程度不同后,拆下驱动电机控制器至驱动电机的三相线后再次转动车轮,如果此时出现每转一周轻重程度相同,说明驱动电机控制器内部存在故障,需检修驱动电机控制器。

2)车辆在爬坡大负载时出现驱动电机"堵转"或车辆出现负载冲击,导致驱动电机的两相长时间接通,相线电感饱和,导致过电流。出现此类故障时,首先检查驱动电机是否出现机械性卡滞导致堵转,如果驱动电机未出现机械性卡滞堵转,则检查单档变速器内部是否卡滞以及制动系统的制动分泵回位不良等故障。

3)电动汽车在急加速(急制动)时,车辆本身负载惯性较大,升速(降速)内间隔时间较短,驱动电机控制器的工作频率上升太快,三相交流永磁同步电机的转速就会迅速上升(下降),驱动电机原来转子产生的磁场与定子产生的旋转磁场为同步状态,当出现急加速(急制动)时,驱动电机的转子转速因为惯性较大,转子转速仍然处于高速旋转,转子产生的磁场与定子的旋转磁场转差过大,导致绕组切割磁感线太快,产生过大的感应电动势,导致过电流。

4）驱动电机控制器输出电源侧缺相，不但造成驱动电机在工作时抖动，同时也会导致过电流故障，如下图2-50所示为相位测试仪测试驱动电机缺相故障。

5）驱动电机定子绝缘电阻阻值变小，存在绝缘故障，在车辆出现绝缘故障时同时还会出现驱动电机过电流故障。此时需要检修驱动电机绝缘电阻阻值是否合格。

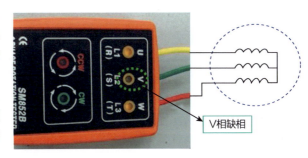

图2-50 相位测试仪测试驱动电机缺相故障

6）驱动电机控制器控制电路遭到电磁干扰，导致通信线路传递信号错误、旋转变压器传感器的反馈信号丢失或信号异常，也会造成驱动电机过电流故障。例如驱动电机转子的隔磁金属损坏，造成驱动电机转子内部强磁通过隔磁金属损坏的部位，对旋转变压器传感器的正弦和余弦传感器形成强磁干扰，导致旋转变压器传感器给驱动电机控制器反馈的信号异常，驱动电机控制器故认为驱动电机过电流。

第四节　驱动电机旋转变压器传感器检测要点与技巧

在上一节学习了旋转变压器传感器的功能与作用，本节重点分析旋转变压器传感器的检测要点与检测方案。

旋转变压器传感器的作用就是检测驱动电机转子位置角度、转子转速、转子转动方向，将检测到的信号传递至驱动电机控制器，驱动电机控制器通过旋转变压器解码器进行解码，驱动电机控制器旋转变压器解码器与驱动电机旋转变压器传感器组成原理框架图如图2-51所示。

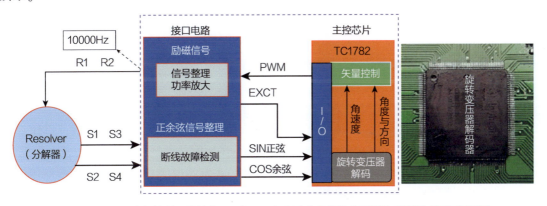

图2-51　驱动电机控制器旋转变压器解码器与驱动电机旋转变压器传感器组成原理框架图

通过图 2-51 已经了解到主控芯片输出 PWM 脉宽调制信号，其频率属于高频（10000Hz），所以在测量时可以通过示波器测量其波形，或使用万用表测量其控制器一端的直流偏置电压，也可以测量其交流电压，但是在测量空载交流电压时使用数字万用表无法测量出高频的交流电压，这时要借助指针万用表测量交流电压。下面总结旋转变压器传感器以及驱动电机控制器的测量要点。

以 2017 款比亚迪秦为例测量励磁绕组线束端的测量要点。

1) Key-ON 上电后，使用数字万用表的交流电压档位测量线束端的交流电压，如下图 2-52 所示。

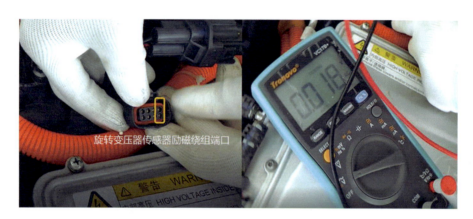

图 2-52　数字万用表测量励磁绕组交流电压

2) 从图 2-52 可以发现，使用数字万用表无法测量出交流电压，但可以采用指针万用表测量出交流电压，如图 2-53 所示。

图 2-53　指针万用表测量线束端交流电压

3) 使用数字万用表测量直流偏置电压，根据车型不同，直流偏置电压不同，以比亚迪秦为例：其直流偏置电压为 DC 2.5V。测量方法：Key-ON 上电后一只表笔测量线束端励磁绕组或正弦/余弦绕组的端口，一只表笔测量车身接地，正常情况下应为 DC 2.5V 的电压，如果某一端子电压为 0V，则表示线路断路、旋转变压器解码器故障，测量示意图如图 2-54 所示。

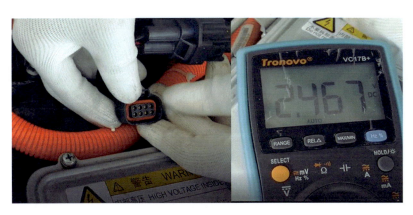

图 2-54　测量直流偏置电压

4）使用数字万用表的频率挡位测量其频率，通常频率为10000Hz，在测量时将万用表调整至频率挡位，两只表笔分别测量线束端对应端口，励磁绕组频率在10000Hz，正弦/余弦的频率和电压及波形随着驱动电机转速的变化而变化，如图2-55所示为测量的励磁绕组线束端频率。

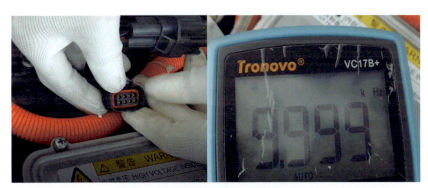

图 2-55　测量的励磁绕组线束端频率

5）使用示波器测量励磁绕组输出的电压、波形及频率如下图2-56所示。

图 2-56　示波器测量励磁绕组输出的电压、波形及频率

为了让读者掌握旋转变压器解码器及接口电路的检测要点，笔者将旋转变压器传感器解码器及接口电路原理图绘制出来，如下图2-57所示。

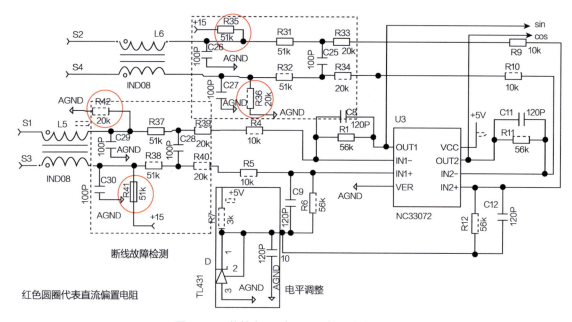

图2-57 旋转变压器解码器及接口电路原理图

考考你：对以下故障码（图2-58）和数据流（图2-59），如果由你来诊断，你首先进行那一项诊断项目呢？

图2-58 故障码

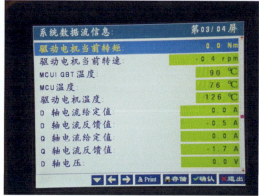

图2-59 数据流

第三章
充电系统故障诊断与检修

第一节　交流慢充系统故障诊断检测技巧

一、概述

在电动汽车和插电式混合动力汽车上都采用了交流慢充系统向动力电池补充电能，当然在向动力电池进行充电时有一定的条件，如果有一项条件不满足，将无法向动力电池进行充电。向动力电池充电的基本条件为：

1）车载充电器供电 AC 220V 电压和 DC 12V 电压正常，车载充电器工作正常。

2）充电唤醒信号 12V 输出正常。

3）车载充电器（OBC）、整车控制器（VCU）、动力电池管理器（BMS）之间通信正常，主继电器闭合、发送电流强度需求。

4）充电线连接确认信号正常。

5）动力电池电芯温度 >0℃ 且 <55℃。

6）动力电池组的单体动力电池最高电压与最低电压压差 <300mV。

7）单体动力电池最高温度与最低温度温差 <15℃。

8）绝缘性能 >500Ω/V。

9）高低压电路连接正常，远程控制开关关闭/预约充电功能关闭。

10）实际动力电池单体最高电压不能比动力电池单体额定电压高 400mV。

在这 10 个条件中，分为车辆外部和车辆本体两个部分，任一部分的某一条件不满足，交流慢充系统将无法向动力电池补充电能。交流慢充系统部位分类如图 3-1 所示。

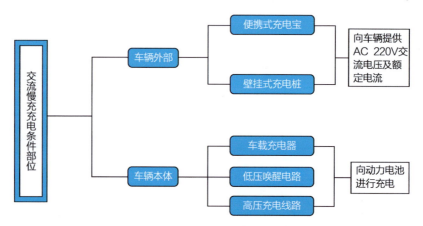

图 3-1　交流慢充系统部位分类

二、交流慢充系统故障诊断

为了便于读者了解故障诊断策略与检修技巧，按照车辆充电条件进行分类，并且结合数据流来分析是外部故障还是内部故障。

1. 车辆外部交流充电连接装置检修技巧

以交流慢充供电连接设备为例进行分类解读与故障诊断，判断交流充电连接装置是否出现故障，图 3-2 为交流充电连接装置（充电宝）实物图。

图 3-2 交流充电连接装置（充电宝）实物图

交流充电连接装置故障判定及排除方法，见表 3-1（以 10A 供电设备为例）。

表 3-1 交流充电连接装置故障判定及排除方法

名称	故障现象	检查步骤/检查方法	检查结果	结论	备注
交流充电连接装置	电源指示灯不亮，车辆无法充电	用万用表测量电源电压，电压范围在 AC 220（1±10%）V	电源电压正常，指示灯不亮	更换充电连接设备	如图 3-3 所示
	电源指示灯亮，插入充电枪，车辆不能进入充电状态，充电指示灯没有闪烁	测量充电枪 CC 对 PE 之间的电阻值，旧国家标准 680（1±3%）新国家标准 1.5（1±3%）kΩ；CP 与 PE 之间的电压为：DC 12V±0.8V	两点中任何一点有问题	更换交流连接装置	如图 3-4 所示
			正常	检查车辆本身充电系统的模块及其线路	进行下一步诊断

图 3-3 检查交流充电连接装置及交流电源测量

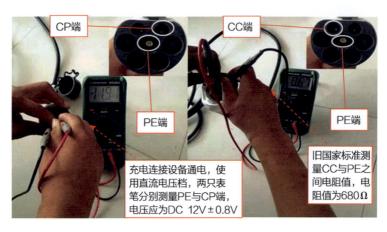

图 3-4 测量 CP 与 PE 电压，CC 与 PE 电阻值

以比亚迪汽车交流充电连接装置（旧国标）为例，来说明交流充电连接装置的故障判定方法与步骤，如图 3-5 所示。

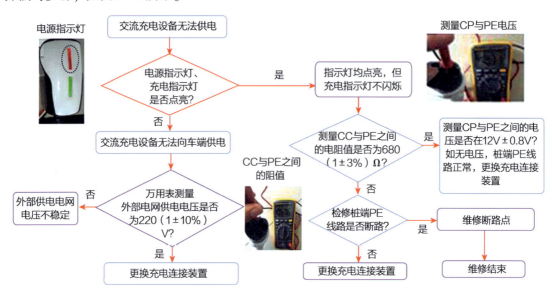

图 3-5 交流充电连接装置的故障判定方法与步骤解析

根据交流充电设备内部结构与原理，在充电条件满足后，供电装置通过内部电子开关或内部接触器向车载充电器提供 AC 220(1±10%)V 的电压，一旦供电装置内部电子开关或交流接触器接触不良导致向车载充电器提供的电压低于 AC 180V 时，车载充电器接收到的电压低于内部电压的设定值，就会报出输入电压欠电压故障，交流电压输入电压数据流如图 3-6 所示。

车载充电器输入欠电压故障码及数据流图如图 3-7、图 3-8 所示。

图 3-6 交流电压输入电压数据流

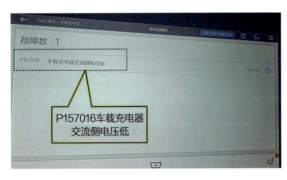 

图3-7 车载充电器输入欠电压故障码　　　图3-8 车载充电器欠电压数据流

接下来分析图3-7、图3-8，来判断是外部交流充电设备故障还是车内本身故障，这个时候我们在检修时首先验证电网输入电压是否合格，如果电网输入的电压过低，测量CP与PE接地之间的电压，势必会<12V±0.8V，如果所测量的电压低于以上数据，则证明外部交流供电设备故障；如果所测量的CP与PE端口电压在12V±0.8V之间，则说明数据正常，进行下一步诊断（两人合作检修）。首先拔下充电枪，然后将车载充电器的故障码清除，在车辆交流慢充口端后侧的N、L端口上插上刺针，戴好绝缘手套，使用万用表进行测量，另外一名检修人员在充电枪与充电口结合后3~5s，读取瞬间交流电压是否合格，如果电压和数据流的交流侧电压基本相等，则证明外部交流供电设备故障（内部电子开关或交流接触器接触不良），需要更换外部交流供电设备，如果电压在合理范围内，但是读取的电压较低，则证明车载充电器内部故障，需要检修车载充电器。

对于壁挂式交流供电设备的检修与诊断可以参照以上所述的检修方法与检修技巧。当然CC与PE之间的电阻值与充电器的充电功率以及电缆容量有关。

2. 车辆本体交流慢充故障检修技巧

交流慢充口的检修技巧，首先了解充电口的端口含义，了解交流慢充口定义后再了解线路接法，这样检修故障才可以起到事半功倍的效果。

交流充电口针脚定义图如图3-9所示。

交流慢充口线束接线位置说明：

CC充电连接确认信号线通常连接到车载充电器，它的功能就是当车载充电器检测到充电口与外部充电枪的连接后，通过被拉低的电压大小来判断外部供电设备的供电功率。具体的连接过程请参照"交流慢充物理连接步骤"。CP信号就是充电控制线路，它的功能就是当车载充电器检测到充电口与充电枪完全连接后，将外部供电设备的CP信号与车载充电器的CP信号进行通信（采用PWM脉宽调制信号进行应答）。CC、CP与车载充电器连接框图如图3-10所示。

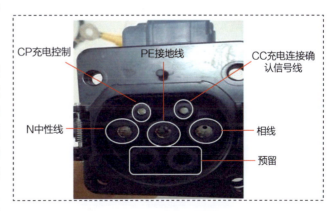

图3-9 交流充电口针脚定义图

检修 CC 信号的方法：

1）将万用表调整至直流电压档位，一只表笔测量 PE 端口，另一只表笔测量 CC 端口。

2）点火开关处于关闭位置，此时万用表应显示直流电压（有两种状态电压：一种是 5V；另一种是 12V），如果测量结果无电压，则原因为：①车载充电器至充电口之间的 CC 线路断路；②车载充电器的常电熔丝断路/常电熔丝输出至车载充电器之间的线路断路；③车载充电器线路断路；④车载充电器内部电源模块损坏；⑤车载充电器至充电口之间 CC 线路与地短路。测量 CC 电压示意图如图 3-11 所示。

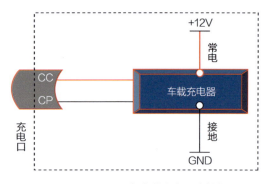

图 3-10 CC、CP 与车载充电器连接框图

图 3-11 测量 CC 电压示意图

CC 线路出现故障的现象是：车辆不能充电，且组合仪表"充电连接指示灯不能点亮"，如图 3-12 所示为组合仪表充电连接指示灯。

当插上充电枪后，组合仪表充电连接指示灯没有点亮，并且车辆无法进行充电，组合仪表充电连接指示灯未点亮诊断流程如图 3-13 所示。当不能充电时，CC 信号是否正常，可以查看 OBC 数据流的 CC 信号是否连接，如果未显示连接也可以按照图 3-13 所示的诊断流程进行检修，OBC 的 CC 信号数据流连接状态如图 3-14 所示。

图 3-12 组合仪表充电连接指示灯

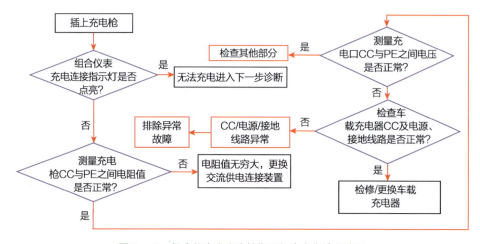

图 3-13 组合仪表充电连接指示灯未点亮诊断流程

检修 CP 信号的方法：

车辆端交流慢充口的 CP 信号是充电控制信号，车载充电器在检测 CC 信号连接的同时，充电口 CP 与车辆外部交流供电装置也处于连接状态，CP 信号的 12V 信号被拉低，变为 9V，外部交流供电设备检测到 9V 后，控制内部电子开关转换至 PWM 脉宽调制信号端，9V 直流电变为 PWM 脉宽调制信号，车载充电器检测到 9V 脉宽调制信号后说明外部交流供电装置已经接收到充电枪与车辆端交流慢

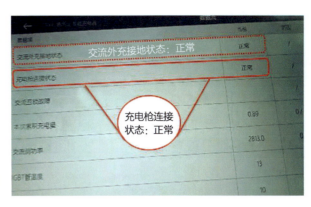

图 3-14 OBC 的 CC 信号数据流连接状态

充口通信成功信号，车载充电器开始向 BMS 或整车控制器发送唤醒信号，车载充电器开始与其他控制模块通信，车辆端 BMS 进行自检，检查当前动力电池的温度、电压、绝缘电阻、高压互锁状态，电芯压差等。当 BMS 自检完成，并且所检测的条件满足充电条件时，发送可以充电报文。车载充电器内部控制器控制 S2 结合，外部交流供电设备 CP 信号的 9V 脉宽调制信号再次被拉低，变为 6V 的脉宽调制信号，外部交流供电设备再次与车辆端车载充电器进行通信且控制外部交流供电连接装置的电子开关或交流接触器闭合，外部交流供电装置开始通过充电口 N、L 向车载充电器提供 AC 220V 的电压。

通过以上所述，CP 信号为充电控制信号，只有 CP 信号正常，车载充电器才有 AC 220V 交流电。

CP 信号功能已经了解，如果外部供电装置 CP 与车辆端车载充电器 CP 不能进行通信，则外部供电装置无法向车载充电器提供交流电压。

三、案例分析

1. 比亚迪 e5 无法交流充电故障案例

故障现象：

一台比亚迪 e5 无法交流充电，组合仪表充电连接指示灯点亮，但是仪表一直显示充电连接中，可以上 OK 电正常行驶，如图 3-15 所示。

故障分析：

①交流充电设备故障；②交流充电口故障；③动力电池包及 BMS 故障；④"四合一"故障；⑤线路故障。

诊断过程：

1) 使用万用表测量充电枪 CP 与 PE 之间的电压，电压正常，说明外部交流供电装置的 CC、CP 信号正常。

图 3-15 组合仪表充电连接指示灯点亮但无法交流充电

2) 使用诊断仪读取 BMS 动力电池包的数据来获取动力电池充电信息，如图 3-16 所示为 BMS 数据流。

技术小贴士：

分析图 3-16 所示的 BMS 数据流，绝缘电阻正常，充电是允许状态，说明 BMS 所检测到的充电条件满足，有充电感应信号（即 CC 信号），说明车载充电器已经接收到 CC 充电枪充电信号。预充状态为预充完成，说明 BMS 接收到自检后动力电池需要充电的指令，主接触器、预充接触器、正极接触器断开。由于充电条件满足，负极接触器、充电接触器、分压接触器闭合，只有这些接触器闭合后方可向动力电池包进行充电。

3）组合仪表显示充电连接中，说明充电设备和整车还没有交互完成，也就是 CP 信号没有进行通信。

4）而 VTOG（电机控制器）数据流中 CP 占空比信号一直是 0%，说明 CP 信号不正常。如图 3-17 所示为 VTOG 的 CP 信号异常数据流。

图 3-16 BMS 数据流

图 3-17 VTOG 的 CP 信号异常数据流

技术小贴士：

图 3-17 中 VTOG 的 CP 信号异常数据流 CC 采样值为 1505Ω，即充电枪内部 RC 电阻为 1.5kΩ，R4 电阻为 1.8kΩ，说明这款 10A 的外部交流供电设备所对应的 CP 脉宽调制信号为 10%。

5）测量交流充电口 CP 针脚与 VTOG 的 64PIN 插接件 CP 针脚的导通性，发现不导通，检查发现 BJB01 的 12 号针脚退针，检修后试车，故障排除，如图 3-18 所示为故障部位图及电路原理图。

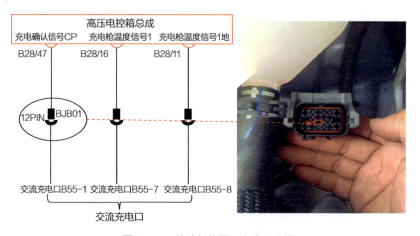

图 3-18 故障部位图及电路原理图

维修小结：

通过本案例我们可以了解到：一旦 CC 信号连接后，组合仪表的充电连接指示灯点亮，说明车载充电器已经检测到充电枪信号，在唤醒充电连接指示灯的同时，也唤醒 BMS 及整车控制器等，被唤醒的 BMS 通过自检，确定动力电池内部的充电条件满足，首先控制负极接触器吸合（或首先闭合预充接触器），当预充完成后，再闭合正极接触器（本案例中的车辆没有配置交流接触器，如果车辆配置有交流接触器也需要闭合），这个时候方可向动力电池充电。如果 CP 信号出现故障，在组合仪表不会显示充电信息。

一部分车型在充电时，充电指示灯就会点亮，这些车型的充电指示灯和低电量指示灯是共用的，当 SOC 电量比较低时指示灯就会点亮，当然在充电连接成功并开始充电时，这个指示灯又可以充当充电指示灯。

如何获取数据流脉宽调制信号的数据呢？有两种方法，一种方法是采用示波器获取百分比数据；另外一种方法是使用诊断仪获取脉宽调制信号的百分比，下面我们来看一下 CP - PWM 脉宽调制信号数据流，如图 3 - 19 所示。

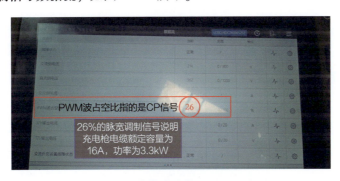

图 3 - 19 CP - PWM 脉宽调制信号数据流

以上我们了解到充电口的 CC、CP 信号都是连接到车载充电器，但是部分车型没有连接到车载充电器，而是连接到了其他控制器，下面针对不同车型的 CC、CP 的不同连接方式进行分析，但工作原理与检修方法相同。

吉利帝豪 EV300 的 CC、CP 信号的连接方式：

安装位置：车载充电器布置在前机舱内动力总成托架上，位于驱动电机控制器旁边，如图 3 - 20 所示。车载充电器采用车载充电器与分线盒集成一体式方案，取消了原来充电器与高压分线盒之前的高压线束和水冷结构，同时具备 4 个安装点。

车载充电器与高压分线盒原理图如图 3 - 21 所示。

充电口 CC、CP 信号连接到辅助控制器（ACM）的电路原理图，如图 3 - 22 所示，图 3 - 23 为辅助控制器的安装位置。

图 3 - 20 车载充电器安装布置图

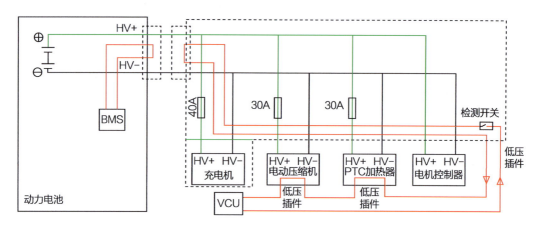

图 3-21 车载充电器与高压分线盒原理图

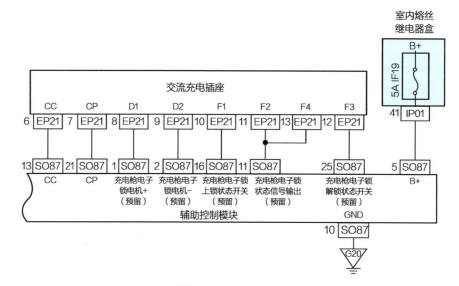

图 3-22 电路原理图

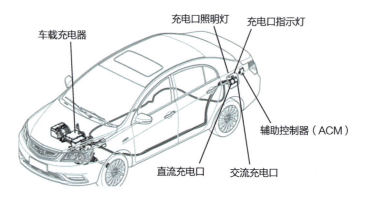

图 3-23 辅助控制器的安装位置

PE 接地线：

在车辆充电口上有一条 PE 线，它负责车辆车身接地，PE 接地线要保证车辆接地良好，不允许出现接触不良现象，一旦出现问题就会造成车辆采集的信号（例如 CC 信号）有误差，较大的误差会导致车载充电器误操作。

2. 2017 款帝豪 EV300 无法使用交流慢充充电

故障现象：
帝豪 EV300 纯电动汽车无法使用便携式充电器进行交流充电。

诊断过程：
此车连接充电枪后，充电插座上的红色充电指示灯常亮，说明交流慢充系统存在故障，如图 3-24 所示为充电口指示灯正常与异常对比图。

充电正常时充电口指示灯绿色灯点亮

充电异常时充电口指示灯红色灯点亮

图 3-24　充电口指示灯正常与异常对比图

充电状态指示灯电路原理图如图 3-25 所示。

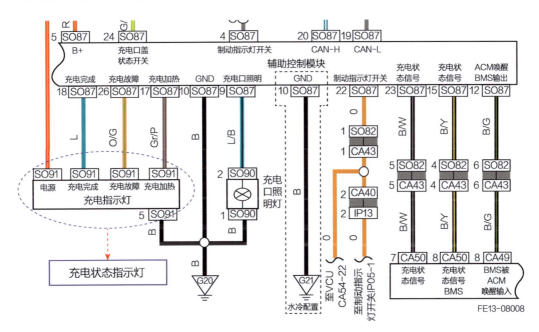

图 3-25　充电状态指示灯电路原理图

在插充电枪充电时发现组合仪表中的充电连接指示灯点亮（说明 CC 正常），但是充电指示灯并未点亮，说明充电枪已经连接完毕但是充电系统并没有充电，组合仪表充电连接指示灯点亮，如图3-26所示。

由于充电插座上的红色指示灯常亮，表明充电系统自检没有通过，在这种情况下诊断系统会记录相关故障码。使用诊断仪读取该车故障码，发现未连接充电枪时故障码为"P10031B—OBC充电过程中充电枪插座温度过高，当前"；当插上充电枪后除了以上故障码外又增添了一个新的故障码"P10031E—充电枪插座温度无效，当前"。

查阅该车型的维修手册，车载充电器负责将交流电转换为直流电对动力电池包进行充电，同时还对充电插座的充电温度进行检测，避免温度过高引起插座烧损。

图3-26 组合仪表充电连接指示灯点亮

根据电路图检查，车辆充电器上的低压线束插接件EP66的11PIN与12PIN端子与交流充电插座相连，这两根线正是充电插座温度传感器的信号线，如图3-27所示为充电插座温度传感器电路原理图。

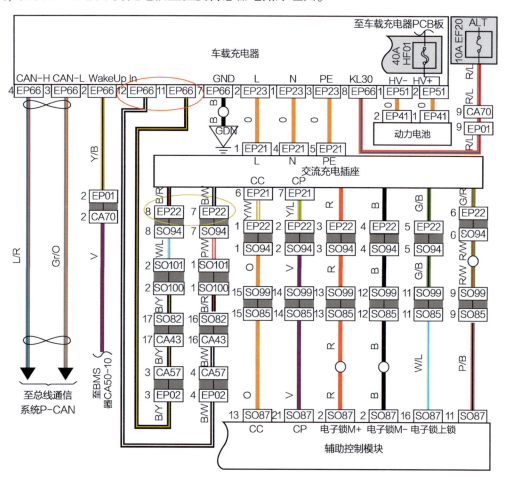

图3-27 充电插座温度传感器电路原理图

将车载充电器上的低压线束插接件取下后,测量 11PIN、12PIN 端子之间的电阻值,结果万用表显示为 0.5Ω。电阻值明显有差异,说明由两种原因造成:插座内部短路;传感器自身有故障,如图 3-28 所示为实测插座温度传感器测量数据。

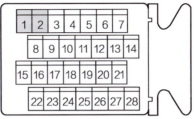

图 3-28　实测插座温度传感器测量数据

断开交流充电插座插接器,测量 7PIN、8PIN 端子之间的电阻值(这两根线所测量的就是温度传感器的电阻值),测量的结果为 0Ω。

故障排除:

更换交流充电插座带线束总成后故障排除。

更换完毕后,清除故障码重新充电,当连接充电器后,充电插座上的绿色充电指示灯闪烁,代表系统正在充电,同时组合仪表上的充电连接指示灯和充电指示灯均点亮,交流充电系统运行正常,故障排除,如图 3-29 所示为正常充电时组合仪表信息。

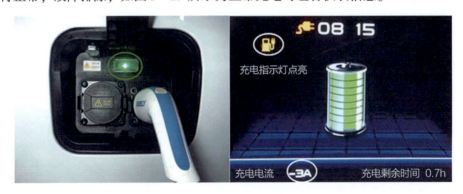

图 3-29　正常充电时组合仪表信息

维修小结:

车辆在充电时,如果充电口与充电枪的 N、L 端子接触不良,一旦有电流通过,N、L 接触不良部位会产生一定的温度,一旦温度升高后会造成充电时自燃的风险。为了规避这些风险,在充电插座上设计了温度传感器时刻监控充电插座的温度,一旦温度升高,车载充电器切断内部的 S2 开关,6V 的 PWM 脉宽调制信号转换成 9V 的 PWM 脉宽调制信号,外部交流供电设备会切断交流接触器,充电插座无电流通过,从而使充电插座的温度缓慢降低,如图 3-30 所示为充电插座温度传感器布置位置图。

在充电插座上有两根高压线,分别为 N、L,这两根线是通过充电枪的 N、L 与插座的 N、L 相连接,把外部的交流电输送到车载充电器,如果车辆处于未充电状态,这两根线无电压,当充电枪插入后车载充电器与外部交流供电设备成功通信后,测量这两根线有 AC 220V 的电压。

通常这两根线不容易出现问题,问题出现最多的是充电枪的插头与充电插座接触不良,一旦这两根高压线接触不良会导致充电时充电插座温度异常。因此,充电插座在使用中必须要做到规范保养与检查。

充电口端子正常状态:

端子为镀金的充电口,正常为亮金色,端子为镀银的充电口,正常应为亮银色,如图 3-31 所示为正常状态的充电插座。

图 3-30 充电插座温度
传感器布置位置图

图 3-31 正常状态的充电插座

充电口外观及端子判定标准:
①充电插座热熔变形故障图如图 3-32 所示。
②充电插座内有异物,需清理或更换,如图 3-33 所示为插座内的异物。

图 3-32 充电插座热熔变形故障图

图 3-33 充电插座内的异物

③插座内部接触端"暗黄",需要更换,如图 3-34 所示。
④充电插座内部弹簧片"断裂",需更换,如图 3-35 所示。

车载充电器的组成:

内部包含交流电压输入电路、低压线路、通信线路、升压电路、整流电路、直流电路输出。

图3-34 插座内部接触端"暗黄"色　　图3-35 充电插座的弹簧片"断裂"图

交流电压输入是从外部交流供电装置输入的 AC 220V 交流电压,如果输入电压过低或电压过高,车载充电器就会储存对应故障码"输入欠电压"或者"输入过电压"。交流电压输入进行整流升压后输出至动力电池包,向动力电池包补充电能。

一旦车载充电器检测到 CC 充电枪信号,车载充电器被唤醒,车载充电器输出唤醒信号,VCU 和 BMS 被唤醒后自检,并将自检的结果通过 CAN 发送充电报文,例如动力电池温度、电压、所需充电电流信息等。车载充电器根据报文信息调整充电电流和充电电压,并使用调整后的电压向动力电池充电。

车载充电器外部结构分为:低压插接件、交流电压输入插接件、高压直流输出插接件。另外车载充电器在充电时会产生热量,产生的热量需要冷却和散热。车载充电器的冷却方式分为三种:第一种是自然冷却;第二种是风冷;第三种是水冷,如图 3-36 所示为比亚迪 2015 款秦 DM 风冷车载充电器。

图3-36 比亚迪 2015 款秦 DM 风冷车载充电器

3. 2014 款比亚迪秦 DM 车载充电器无通信故障诊断

故障现象:

车辆无法进行交流充电,仪表一直提示"充电连接中,请稍候",如图 3-37 所示为组合仪表提示信息图。

图 3-37 组合仪表提示信息图

故障分析：

组合仪表充电连接指示灯点亮，说明车载充电器检测到充电枪信号以及车载充电器的常电、接地线没有故障。可能的原因有：车载充电器无输出唤醒信号，CAN 通信故障，BMS 无唤醒信号，BMS 故障或 BMS 接收到动力电池包异常故障，车载充电器高压熔丝熔断等。由于车载充电器没有接收到可充电条件，因此车载充电器内部 S2 开关没有闭合，导致组合仪表显示"充电连接中，请稍后"字样。

诊断过程：

1）使用 VDS1000 诊断，发现车载充电器无法通信，确认车载充电器 12V 电源及 CAN 线良好，判断为车载充电器内部故障。

2）更换车载充电器后检测系统通信正常，但是在读取数据流时发现"直流侧电压低，只有 28V"，如图 3-38 所示为数据流异常。

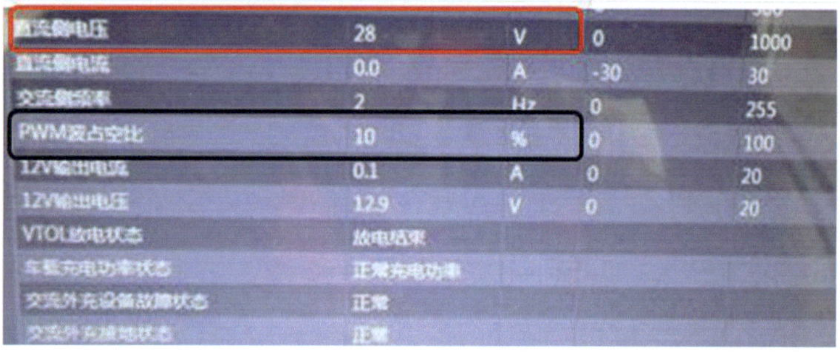

图 3-38 数据流异常

技术小贴士：

图 3-38 上黑色框区域所显示的 PWM 脉宽调制信号正常，说明车载充电器与外部交流供电设备已经连接完毕。

3）测量高压配电箱侧面的车载充电 30A 熔丝，发现熔丝已熔断，更换熔丝后充电正常，如图 3-39 所示为 OBC 熔丝位置及测量图。

故障排除：

更换车载充电器及 OBC 熔丝后故障排除。

图 3-39 OBC 熔丝位置及测量图

维修小结：

此充电故障虽然是两个故障，但实际是一个故障原因所导致，根本原因就是由于车载充电器内部短路，导致 OBC 熔丝熔断。而 OBC 熔丝内部短路损坏的同时也造成了通信失败的故障。从组合仪表的故障信息来分析，组合仪表有充电枪信号，可以确定为"常电、接地线正常"，充电信息一直显示正在连接中，说明充电条件没有满足，这时我们要借助诊断设备来进行故障分析。

4. 帝豪 EV450 车辆无法充电

故障现象：

一辆帝豪 EV450 电动汽车，车辆无法充电，组合仪表显示"充电电流 0A"，如图 3-40 所示。

检修过程：

连接充电枪发现现象如客户所述，打开点火开关后组合仪表显示充电电流为 0A，如图 3-41 所示。

图 3-40　充电时组合仪表显示故障状态

图 3-41　打开点火开关后组合仪表显示充电电流为 0A 状态

使用诊断仪读取系统故障码，无故障码存在，使用诊断仪读取 OBC 数据流，如图 3-42 所示。

根据图 3-42 所示数据流，OBC 状态请求显示充电中，但车载充电器输出电压为 0V、电流为 0A，说明车载充电器确实存在故障，然后进行下一步数据流分析，如图 3-43 所示。

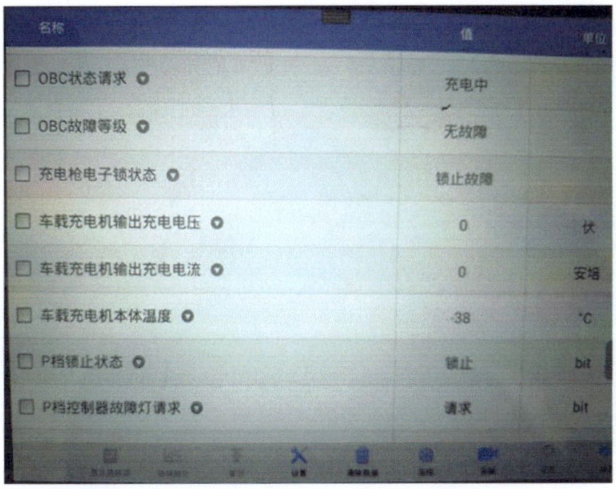

图 3-42　充电时采集 OBC 数据流（一） 　　图 3-43　充电时采集 OBC 数据流（二）

根据图 3-43 进行分析，电网输入电流 0.9A，输入电压 233.25V，充电器输出电流为 0A、电压为 0V，从电网输入电压可以分析出 CP 信号正常，图 3-43 显示数据引导电路电压为 6.12V，引导电路占空比为 12%，说明 CP 信号正常，电网输入电压正常，但是电流异常。根据国家标准：12% 的 CP 占空比，信号为 10A 的充电设备，充电电流最高应为 7.2A［编者注：$(0.12×100)×0.6A=7.2A$］，但是充电电流只有 0.9A，从数据上分析，现在车载充电器属于空载状态，原因为车载充电器内部熔丝断路。

本着由简到繁的诊断思路，先检查高压分线盒及 OBC 总成上的高压熔丝是否正常，如图 3-44 所示为 OBC 熔丝位置。

使用万用表测量熔丝是否处于断路状态，如图 3-45 所示，测量后发现 OBC 高压熔丝断路。

将 OBC 高压熔丝从高压分线盒上拆下后，再次使用万用表验证 OBC 熔丝是否正常，如图 3-46 所示，经过验证后确定 OBC 高压熔丝断路。

图 3-44　OBC 熔丝位置

图 3-45　测量 OBC 高压熔丝故障状态

图 3-46　验证 OBC 高压熔丝故障状态

更换 OBC 熔丝后进行充电故障验证，故障排除，如图 3-47 所示。

正常充电时动态数据流如图 3-48 所示。

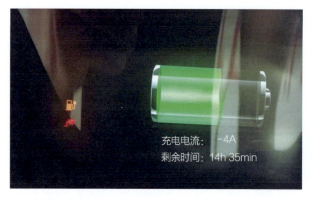

图 3-47　组合仪表正常充电时状态　　　　图 3-48　正常充电时动态数据流

维修小结：

在车辆无法充电时，在知结构、懂原理的基础上再进行分析。例如此案例，从数据流上看交流电压已经输入至车载充电器，说明 CP 信号正常，若 CP 信号异常，外部的交流供电设备K1、K2无法吸合，车载充电器不会显示交流电压。但是充电电流明显不合格，说明车载充电器没有工作，属于空载状态。因此从底层结构原理分析故障，再进行维修是可以起到事半功倍的效果的。

5. 其他类故障模式

例如在充电时由于温度较低（温度低于0℃），这时BMS启动加热模式，可以通过BMS观察数据流，查看条件是否满足，如果条件未满足，车辆将不能充电。因此其他不能充电模式并非是故障而是充电条件没有满足。

北汽EC180扫描OBC数据流图如图3-49所示。

读取BMS在充电时的正常数据以及条件，以比亚迪2014款秦DM的充电数据为例进行检查：

1）首先获取BMS的最高电压与最低电压压差、温度，如图3-50所示。

2）读取动力电池包温度并验证是否满足充电条件，如图3-51所示。

图3-49 北汽EC180扫描OBC数据流图

图3-50 压差合格数据流

图3-51 动力电池包最高单体电池合格温度

3）BMS工作电源电压与BMS电源模块输出电压如图3-52所示。

4）动力电池组总电压及SOC数据流图如图3-53所示。

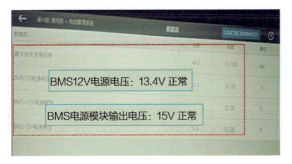

图3-52 BMS工作电源电压与BMS电源模块输出电压

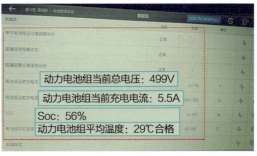

图3-53 动力电池组总电压及SOC数据流图

5)信号数据满足允许充电条件,如图3-54所示。

6)条件满足后BMS控制接触器闭合数据,如图3-55所示。

7)充电前及充电中BMS监测数据流,如图3-56所示,一旦有一个条件未满足,车辆会马上停止充电。

车载充电器在充电时的数据采集:

1)充电时组合仪表显示充电数据,如图3-57所示。

2)车载充电器充电时采集的数据如图3-58所示。

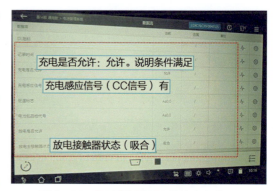

图3-54 信号数据满足允许充电条件

图3-55 条件满足后BMS控制接触器闭合数据

图3-56 充电前及充电中BMS监测数据流

图3-57 充电时组合仪表显示充电数据

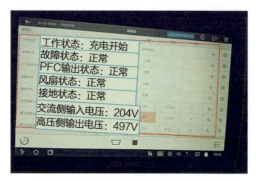

图3-58 车载充电器充电时采集的数据

第二节　直流快充系统故障诊断检测技巧

一、概述

直流充电系统属于快充系统，它与交流慢充系统的不同是：通过直流充电桩向车辆动力电池充电的电压是高压直流电，而交流慢充向车辆提供的电压为交流电压，因而在车辆端设计了车载充电器。直流快充系统在充电时，电压要和车辆端动力电池包的电压相匹配，充电电流要和动力电池的参数相匹配，因此直流充电桩与车辆端要进行通信，如图3-59所示。图3-60所示为直流充电桩与车辆端通信原理图。

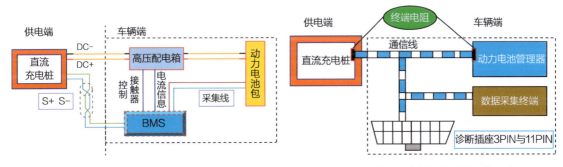

图3-59　车辆端与供电端连接框图　　　　图3-60　直流充电桩与车辆端通信原理图

直流充电流程：直流充电口及直流充电枪信号有CC1、CC2信号，电阻值为1kΩ，如图3-61所示为充电口与充电枪针脚定义。

CC1：充电桩确认充电枪是否插好（充电口端有1kΩ电阻）
CC2：电动汽车确认充电枪是否插好（充电枪端有1kΩ电阻）

图3-61　充电口与充电枪针脚定义

在直流充电时，由于电流比较大，所以在直流充电口设计有温度传感器，温度传感器分别设计在DC+、DC-高压线束上，如图3-62所示为直流充电口温度传感器位置及形状。

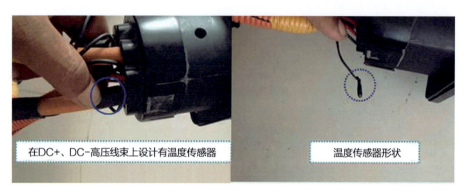

图 3-62 直流充电口温度传感器位置及形状

直流充电流程如图 3-63 所示。

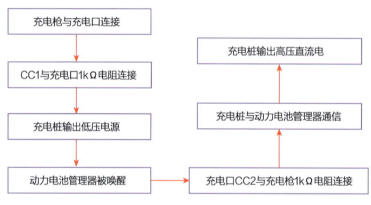

图 3-63 直流充电流程

二、直流快充系统故障诊断

车辆端直流充电口的检查方法：

第一步：点火开关置于 ON 档位，使用万用表直流电压档测量，两只表笔分别测量 CC2 与 PE。正常情况下应显示电压，所显示的电压有两种状态：一种是 DC 5V；另一种是 DC 12V，测量方法如图 3-64 所示。如图 3-65 所示为测量比亚迪 S2 的 CC2 与 PE 之间电压。

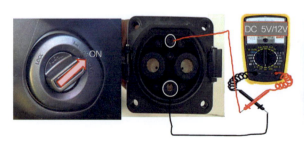

图 3-64 测量充电口 CC2 电压

图 3-65 测量比亚迪 S2 的 CC2 与 PE 之间电压

第二步：测量充电口 CC1 与 PE 之间的电阻值，正常值应为 1000Ω±30Ω，如图 3-66 所示。图 3-67 所示为实物测量 CC1 与 PE 之间的电阻值。

图 3-66　测量充电口 CC1 与 PE 之间的电阻值

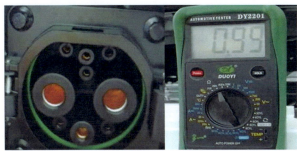

图 3-67　实物测量 CC1 与 PE 之间的电阻值

第三步：点火开关处于"ON"位置，万用表调整至直流电压档，一只表笔测量 S-；另外一只表笔测量 PE，正常情况下电压为 2.5V 左右，如图 3-68 所示。

第四步：点火开关处于"ON"位置，万用表调整至直流电压档，一只表笔测量 S+；另外一只表笔测量 PE，正常情况下电压为 2.5V 左右，如图 3-69 所示。

图 3-68　测量 S- 的电压

图 3-69　测量 S+ 的电压

三、案例分析

1. 比亚迪 e5 偶发性出现无法使用直流充电桩充电

故障现象：

一辆比亚迪 e5 偶发性出现无法使用直流充电桩充电，但可以使用交流充电桩充电。

诊断过程：

1）车辆插上直流充电枪，仪表黑屏，无任何信息，说明 BMS 没有检测到充电枪的信号，检查直流充电口至 BMS 之间的通信线路正常。原因分析：充电枪故障，充电口 CC1 电阻值异常，充电桩内部低压电源模块故障，BMS 无唤醒电源信号，BMS 故障。

2）插上充电枪后，测量 BMS 双路电源为 0V；如果 BMS 双路电源异常，BMS 无法完成直流充电控制，如图 3-70 所示为电路原理图及故障部位图。

3）根据电路图检查、测量双路电源，发现直流充电继电器针脚退针，检修针脚故障排除，图 3-71 所示为 K3-1 退针部位故障图。

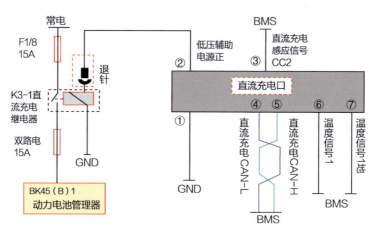

图3-70 电路原理图及故障部位图

2. 比亚迪 e5 不能直流充电故障

故障现象：

一台比亚迪 e5，无法使用直流充电桩充电；仪表提示"充电连接中，请稍候……"

诊断过程：

1）使用诊断仪读取到 BMS 储存的两个故障码如图 3-72 所示。

2）读取 VTOG 数据流，故障数据流如图 3-73~图 3-75 所示。

图3-71 K3-1退针部位故障图

图3-72 BMS储存的两个故障码

图3-73 VTOG状态数据流

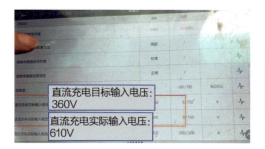

图3-74 VTOG异常数据流

图3-75 VTOG数据流

故障排除：

更换高压电控总成后故障排除。

维修小结：

直流充电桩在向车辆端动力电池包充电时，DC+需要通过VTOG内部升降压DC模块向动力电池充电，如果瞬时输入电压过高，证明DC模块内部故障。比亚迪e5充电电流路径图如图3-76所示。

直流充电桩的充电信息显示屏幕上可以得到充电电流、电芯压差、动力电池温度等信息。

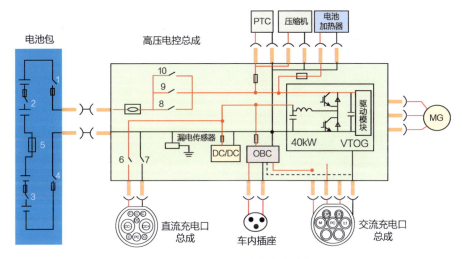

图3-76　比亚迪e5充电电流路径图

3. EU5无法使用快速充电桩充电

故障现象：

一台网约版EU5，无法快充、但能上电。快充测试：仪表有充电枪连接显示但无电流，如图3-77所示。

故障分析：

无法快充，但车辆能正常上电行驶，说明各高压部件与各主正、负继电器正常；有充电枪连接显示CC正常，换桩测试A+、A-正常，结合电路图重点排查唤醒信号，如图3-78所示为快充电路原理图。

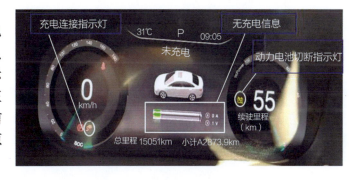

图3-77　组合仪表信息提示灯

诊断过程：

诊断仪无任何与快充相关的故障码，测量快充口S+、S-阻值为120Ω正常、接地正常。快充继电器阻值86Ω正常，但发现5A的快充唤醒熔丝烧断。5A快充熔丝烧断的原因分析，如图3-79所示。

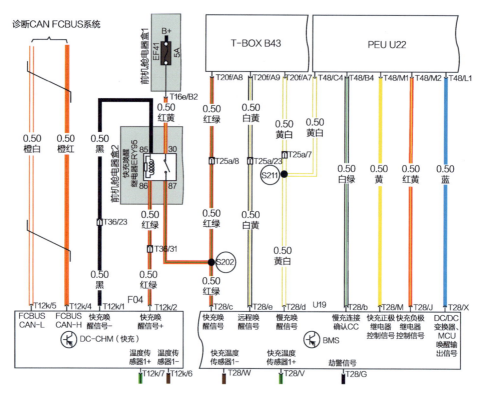

图3-78 快充电路原理图

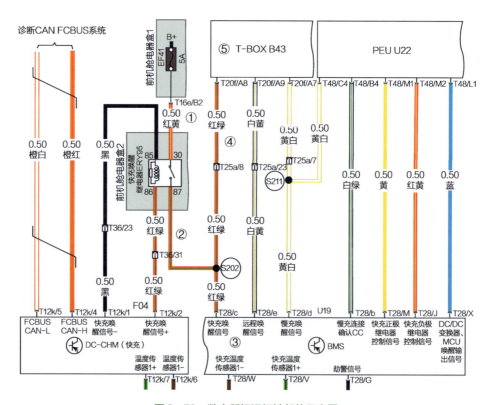

图3-79 数字所标识打铁部位示意图

在检修时使用万用表电阻档位，一只表笔测量87PIN；另一只表笔接地，正常状态下应为无穷大，但是实际测量有阻值，并且阻值较小，说明继电器输出电路与地接通，测量继电器输出故障图如图3-80所示。

图3-80 测量继电器输出故障图

结合电路图开始排查线路及相关模块（T-BOX、BMS），拔掉T-BOX插头仍然搭铁。进行下一步诊断，拔下动力电池包的低压线束插接件，按照动力电池包低压线束插接件针脚定义检查动力电池包的针脚与地是否接通，如果未接通需检查电路，如果接通需分解动力电池包检修线束和BMS，动力电池包针脚定义如图3-81所示。测量动力电池包插座端是否与地接通，发现此端子与地接通，由此证明动力电池包内部搭铁，如图3-82所示。

分解动力电池包进行检查发现快充唤醒线路由于在装配过程中装配不当，导致线束被挤压破损，如图3-83所示为动力电池包线束破损部位。

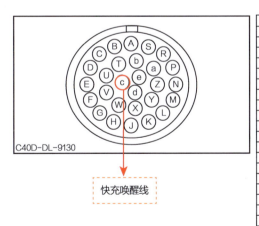

针脚编号	定义
	CT63C-2028TKE36（护套）
	21E6-571-1997-B1（端子0.5-0.75）
	21E6-571-1996-B1（端子1.0-1.5）
	21E6-571-2328-B1（端子2.0）
A	蓄电池电源
B	ON档唤醒
C	接地
D	BBUS CAN-H
E	BBUS CAN-L
F	蓄电池电源
G	劫警信号
H	接地
J	快充负极继电器控制信号
K	FCBUS CAN-L
L	FCBUS CAN-H
M	快充正极继电器控制信号
N	空调继电器控制输出信号
P	EVBUS CAN-L
R	EVBUS CAN-H
S	CMU/OBC继电器控制信号输出
T	快充温度传感器2+
U	快充温度传感器2-
V	快充温度传感器1+
W	快充温度传感器1-
X	DC/DC变换器、MCU唤醒输出信号
Y	—
Z	
a	快充连接确认CC2
b	慢充连接确认CC1
c	快充唤醒信号
d	慢充唤醒信号
e	远程唤醒信号

图3-81 动力电池包针脚定义图

 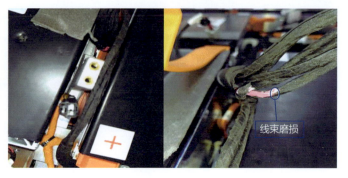

图3-82 动力电池包测量　　　　　　　　图3-83 动力电池包线束破损部位

故障排除：
更换新线束后故障排除。

维修小结：
通过本案例可以看到，电动汽车的维修也和传统燃油车型的维修思路基本相同，唯一不同点就是要懂得原理、结构。从原理与结构上分析，这样诊断电动汽车就变得更加容易，难的是不懂原理，不清楚结构，乱拆乱修，结果是越修故障点越多，最后就认为是一个"疑难问题"。

第三节　低压充电系统故障诊断检测技巧

一、概述

电动汽车/混合动力汽车省略了发电机，取代发电机的是 DC/DC 变换器模块。如果 DC/DC 变换器模块出现故障无法向低压蓄电池充电，低压蓄电池将会亏电，车辆无法启动行驶。因此低压充电系统也是非常重要的。

动力电池通过高压配电箱 PDU 给 DC/DC 变换器（直流-直流转换）提供高压直流电，通过 DC/DC 变换器（直流-直流转换）把高压直流电转换成低压直流电输出，为整车 12V 低压电源系统供电。实际上 DC/DC 变换器就是一个直流变压器。

1. DC/DC 变换器的功能

输出低压直流电与低压网络连接，通过接收 VCU 的工作指令，将动力电池包的高压直流电转换成低压直流电，为低压网络提供电源，满足整车低压用电设备的要求，必要时为低压蓄电池充电，从而实现整车低压充、放电的动态平衡。

2. DC/DC 变换器的控制策略

1）VCU 被唤醒后，通过硬线唤醒 DC/DC 变换器。

2）DC/DC 变换器根据 VCU 发送的工作模式进行输出或停止。

3）断掉高压后，VCU 通过硬线关断 DC/DC 变换器。

无论是交流慢充还是直流快充，在充电时也要向低压蓄电池充电，如果不能向低压蓄电池充电，此时低压蓄电池将会处于亏电状态，最终导致车辆无法完成充电。

3. DC/DC 变换器系统组成

DC/DC 变换器系统组成框架示意图如图 3-84 所示。

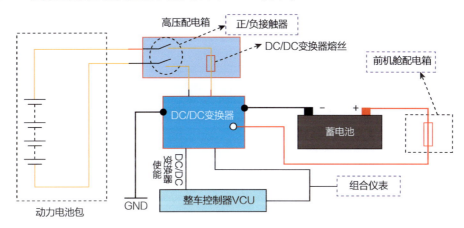

图 3-84　DC/DC 变换器系统组成框架示意图

打开点火开关，组合仪表"低压蓄电池指示灯" 点亮，当上电成功后，组合仪表 READY 指示灯点亮，同时组合仪表"低压蓄电池指示灯"熄灭，表明现在 DC/DC 变换器开始向低压蓄电池和低压用电网络供电。当车辆在行驶中，一旦 点亮，此时需要检查 DC/DC 变换器的充电系统。

二、低压充电系统故障诊断

如何检查 DC/DC 变换器是否充电？

第一步：首先测量低压蓄电池静态电压。将点火开关旋至"LOCK"档位，把万用表调整到直流电压档位，如图 3-85 所示。

图 3-85　检查 DC/DC 变换器充电系统

第二步：点火开关处于"ON"档位，上电成功后，组合仪表"READY"绿色指示灯点亮，测量低压蓄电池电压、如图3-86所示。

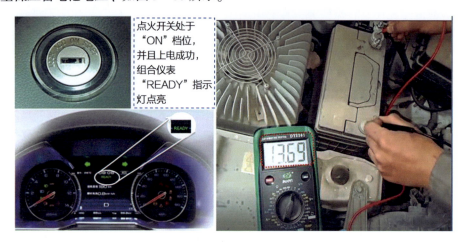

图3-86　DC/DC变换器充电电压

第三步：读取第二步的电压，如果在13.5~14.8V之间，则说明DC/DC变换器向低压蓄电池充电，如果较大幅度低于第一步所测量的电压，说明DC/DC变换器转换模块不发电，如果电压略小于DC 13V，则说明DC/DC变换器发电量小。

DC/DC变换器的故障现象是组合仪表蓄电池指示灯一直处于常亮状态，DC/DC变换器故障常见模式分为：高压系统故障、DC/DC变换器本体故障、低压线路故障等3个故障模式。

1. 高压系统故障诊断方法

1）将DC/DC变换器模块上的高压电缆拆卸下来，短接模块端插座互锁，上电后使用万用表测试DC/DC变换器模块的高压直流电压，正常情况下应等于动力电池的直流母线电压，直流母线电压可以从BMS或其他模块控制器数据流上获取。如果无高压直流电检查DC/DC变换器高压熔丝是否熔断，并且DC/DC变换器模块会储存"降压侧电压过低或欠电压"的故障。

2）如果DC/DC变换器模块直流母线电压低于动力电池包直流母线电压，但是DC/DC变换器熔丝未熔断，则需要对动力电池、高压配电箱和高压线路进行检查。

2. DC/DC变换器本体故障诊断方法

1）读取动力电池的直流母线电压正常，使用万用表测量DC/DC变换器模块高压直流电压正常，但是读取DC/DC变换器数据流直流母线电压异常，说明DC/DC变换器模块有故障，需要更换DC/DC变换器模块。

2）DC/DC变换器模块降压侧电压过高，检查低压蓄电池接地线正常，低压线路正常，低压直流输出侧>16V，则证明DC/DC变换器模块内部采样线路故障，需要更换DC/DC变换器模块。

3）DC/DC变换器模块降压侧电压过低，检查低压蓄电池接地线正常，低压线路正常，低压直流输出侧<9V，则证明DC/DC变换器模块内部采样线路故障，需要更换DC/DC变换

器模块。

4) DC/DC 变换器模块系统无应答，按照车辆电路原理图进行检查，低压电源、接地线正常，需更换 DC/DC 变换器模块。

3. 低压线路故障

按照对应电路原理图检查低压线路：供电电源、唤醒信号、接地线是否断路或接触不良。

考考你：图 3-87～图 3-89 所示的数据流，你会分析么？

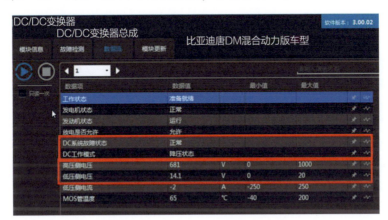

图 3-87　DC/DC 变换器正常数据流

如图 3-89 所示为 DC/DC 变换器故障数据流，请说出检测方法与步骤。

图 3-88　2014 款秦 DM 正常数据流

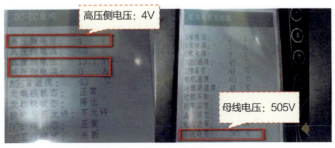

图 3-89　DC/DC 变换器故障数据流

新能源汽车故障诊断
技巧彩色图解（下册 诊断篇）

第四章
动力电池常见故障诊断与检修

第一节　动力电池常见故障分析

一、动力电池常见故障

1. 动力电池电压高

故障现象：满电静止后，动力电池单串或几串电压明显偏高，其他动力电池单体正常。

故障原因：①采集器采集误差；②BMS 信息采集器功能出现误差或失效；③动力电池容量低，充电时电压上升较快。

处理方法：

①动力电池某单体电压显示电压值比其他的动力电池单体偏高，此时读取数据流获取动力电池包的直流母线电压，查看是否高于动力电池的最高电压，分解动力电池包，用万用表测量异常动力电池单体电压的实际值，如果实际值和其他动力电池单体电压数据相等，说明采集有误差或 BMS 信息采集器功能失效，需要更换采集器或 BMS。

②若实际电压确实高，需要更换电压比较高的动力电池单体，首先要对电压较高的动力电池单体进行人工放电，放电后对动力电池组进行均衡。

以三元锂电池为例：

故障门限值持续保持 10s，报故障；恢复反之。通常 2 级严重故障的标准为：任意动力电池单体电压不低于 4.21V。3 级重大故障的标准为：任意动力电池单体电压不低于 4.30V。

组合仪表上动力电池故障警告灯点亮，同时动力电池被切断，如图 4-1 所示。

图 4-1　动力电池故障警告灯

2. 动力电池电压低

故障现象：满电静止后，动力电池单串或几串电压明显偏低，其他单体动力电池正常。

故障原因：①采集误差；②BMS 采集器功能出现误差或失效；③动力电池单体自放电率大；④动力电池单体容量变小，放电时电压下降过快。

处理方法：

①动力电池某单体电压显示电压值比其他的动力电池单体偏低，此时读取数据流获取动力电池包的直流母线电压，查看是否低于动力电池的最低电压，分解动力电池包，用万用表测量异常动力电池单体电压的实际值，如果实际值和其他动力电池单体电压数据相等，说明采集有误差或 BMS 信息采集器功能失效，需要更换采集器或 BMS。

②实际电压确实低，需要更换电压比较低的动力电池单体，然后需要对动力电池组进行均衡。

以三元锂电池为例：

故障门限值持续保持 10s，报故障；恢复反之。通常 2 级严重故障的标准为：任意单体电压不大于 3.15V。3 级重大故障的标准为：任意动力电池单体电压不大于 3.0V。并且组合仪表 SOC 电量为 0，同时动力电池故障警告灯和动力电池切断故障灯点亮，如图 4-2 所示。

3. 动力电池单体压差

动力电池单体压差分为动态压差和静态压差。充电时动力电池单体电压迅速升至满电截

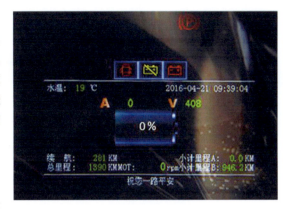

图 4-2 组合仪表故障提示

止状态；加速时，动力电池单体电压比其他串下降迅速；在制动/减速时动力电池单体电压比其他串上升迅速。

故障现象：由于充电时，某一个动力电池单体电压比其他的动力电池单体上升到充电截止保护电压的时间快，充电时间变短，充电容量变小，在行驶过程中，没有被充满的动力电池单体下降到放电截止电压的时间比较快，因而车辆续驶里程少于正常续驶里程，在减速或制动时由于能量回收电压比较高，能量回收的电压向动力电池补充电能时，电压较高的动力电池单体电压上升较快，所以 SOC 会出现上升的趋势，但并不稳定。

动力电池单体压差判断条件，持续保持 5s，报故障，通常最低电压与最高电压的压差在 50mV 以内为正常。如果动力电池组的最高单体电池电压 - 最低单体电池电压大于等于 100mV，则报警。动力电池组的最高单体电池电压 - 最低单体电池电压小于 100mV，则自动恢复。

动力电池模组与模组之间的压差，在测量时采用载荷的方式进行获取，当任意动力电池组之间的压差大于等于 2V，则报警（通常根据车辆模组内部单体电池数量确定），当动力电池模组与模组之间的压差小于 2V，报警取消。

下图为动力电池单体压差数据流：

比亚迪唐 80DM（磷酸铁锂电池）SOC 5% 采集的 BIC1 最高单体电池与最低单体电池压差数据流，如图 4-3 所示。

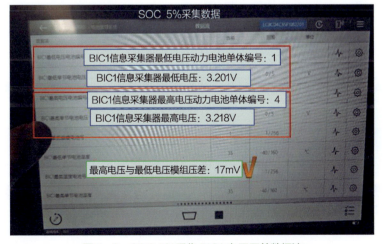

图 4-3 SOC 5%采集 BIC1 电压压差数据流

唐 80DM（磷酸铁锂电池）SOC 5%采集的 BIC2 最高单体电池与最低单体电池压差数据流，如图 4-4 所示。

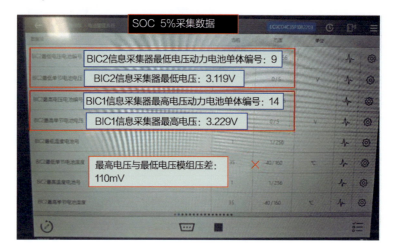

图 4-4　SOC 5%采集 BIC2 电压压差数据流

唐 80DM（磷酸铁锂电池）SOC 5%读取动力电池包最高单体电压与最低单体电压压差数据流，如图 4-5 所示。

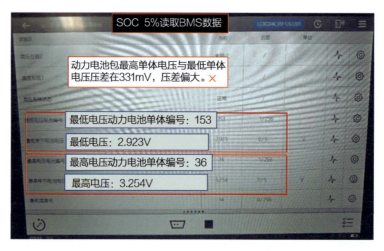

图 4-5　动力电池包压差异常数据流

通过读取放电至 SOC 5%的压差数据，底端压差数据异常在 331mV，动力电池底端压差数据异常，然后充电至 SOC 100%，读取充满电后的顶端压差数据，并查看是否在合格区间。

将动力电池充到 SOC 100%，读取 BMS 动力电池管理器数据，获取最高单体电压与最低单体电压的压差数据，如图 4-6 所示。

压差数据较大，说明动力电池包的单体电池一致性非常差，单体电池出现非一致性，通常原因为：单体电池内阻过大、容量不一致、自放电率过大。因此动力电池的均衡功能非常重要，例如以上压差数据流在 300mV 左右，说明动力电池包一致性非常差，即使采用均衡方式也无法满足车辆需求。因而需要分解动力电池包，测量故障的单体电池并测量内阻，如果内阻偏大则需要更换单体电池。动力电池单体需进行容量测量比较，容量不同的则不能装配在同一模组，所以容量测试非常关键，需要将容量相同的单体电池装配在同一模组。

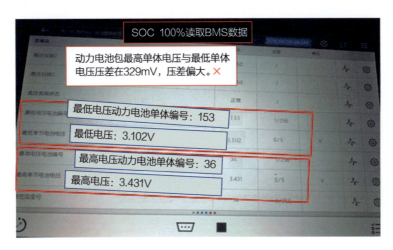

图 4-6　电量 SOC 100%单体电池压差数据

4. 电压跳变

故障现象：车辆在运行或充电时，单体电池电压跳变。

故障原因：电压采集线连接点松动、BMS 信息采集器功能失效。

5. 动力电池温度故障模式

动力电池故障温度通常分为一个或者多个点温度偏低或温度偏高，在运行中或充电中达到报警阈值，一旦达到报警阈值后将切断动力电池的电能输出或输入。

案例分析

一辆比亚迪 e6 续驶里程少。

故障现象：

一辆比亚迪 e6 出租车，行驶总里程 95800km，在行驶中出现了明显的定时掉电现象，每天车辆正常开到续驶里程剩余 120~130km 之间时，续驶里程就会突然跌至 30km。

故障原因： BMS 动力电池管理器故障、动力电池单体不一致，容量标定错误、动力电池采样线故障。

诊断过程：

1）按照客户所述，进行跟车路试，开始时组合仪表显示续驶里程为 210km，一直行驶到组合仪表显示续驶里程为 130km 时，没有任何问题。

2）继续行驶，当续驶里程在 120km 时问题出现，续驶里程从 120km 经过几分钟迅速跌落到 0km，车辆无动力输出，停车 10min 后动力系统限功率输出勉强将车辆开到充电站。

3）用上位机读取动力电池包单体电压信息，发现 90 号动力电池单体电压已经跌至

2.2V。如图 4-7 所示为 90 号动力电池单体跌落柱形图。

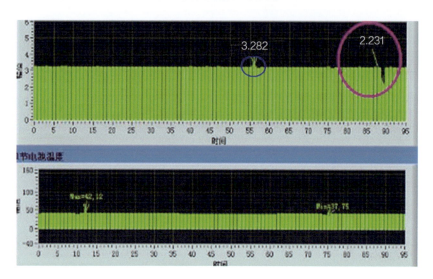

图 4-7　90 号动力电池单体跌落柱形图

4）使用动力电池包检修工装（转接板）测试 90 号动力电池单体电压为 2.2V，确认为动力电池包内部 90 号动力电池单体故障。

故障排除：

由于动力电池包在质保期内，不能拆检动力电池包，因此更换动力电池包后故障排除。

第二节　动力电池常见故障诊断技巧

一、温度类故障

1. 故障描述

一般故障表现形式为车辆上不了"OK 档"，仪表盘提示动力电池温度过高，出现温度报警后，首先需排除动力电池管理器、连接线束等因素（重点检查 BMS、BMS 与动力电池包连接采样线束）；排除外部因素后需要检修动力电池包内部采样线是否虚接。如图 4-8 为比亚迪唐 DM 动力电池温度过高数据与组合仪表警告灯。

在出现动力电池过温的故障时，首先要分析动力电池的基础结构以及 BMS 动力电池管理器的分布位置，并且分析动力电池管理系统采用集中式还是分布式结构，根据结构、管理策略以及位置分布进行合理检修，如图 4-9 所示。

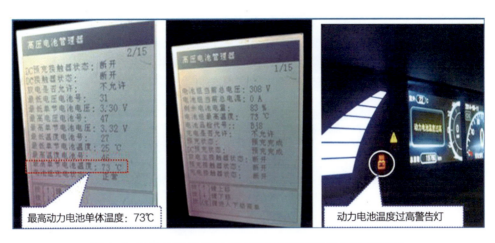

图 4-8 比亚迪唐 DM 动力电池温度过高数据与组合仪表警告灯

图 4-9 温度异常数据流

动力电池温度传感器的判断：读取数据流，如果温度传感器内部断路或线路断路，则在数据流上会显示对应断路温度传感器的数据值为 -40℃，首先检查温度传感器与温度传感器线路。如果动力电池管理系统采用了分布式结构，则需要读取信息采集器信息并查看是哪一个模组及哪一个温度传感器出现了问题，如图 4-10 所示为 BIC3 信息采集器温度异常数据流。

若数据流显示最高温度为 160℃，说明温度传感器内部短路或线路短路。如图 4-11 所示为艾瑞泽 7 插电式混合动力汽车 BMS 异常温度数据流。

BMS 其中一个功能，对动力电池热管理系统进行监控与控制，如果动力电池整个动力电池包的所有温度点过高，需要检查动力电池热管理系统，如果车辆配置强制风冷方式要检查冷却风扇是否运转，进风口是否堵塞等。如图 4-12 所示为奇瑞艾瑞泽 7 动力电池冷却风道。

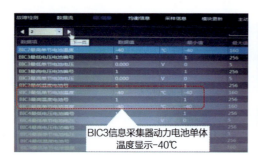

图4-10 BIC3信息采集器温度异常数据流　　图4-11 艾瑞泽7插电式混合动力汽车BMS异常温度数据流

对于水冷冷却系统，一旦动力电池温度过高，则需要检查冷却系统电动水泵、冷却风扇是否工作，是否缺少防冻液。

2. 案例分析

比亚迪e6动力电池包温度传感器故障。

故障现象：

比亚迪e6车型在充电过程中多次出现充电截止。

原因分析：

动力电池故障、动力电池采样线故障、BMS动力电池管理器故障、充电设备故障、车辆VTOG故障。

诊断方法：

1）分析原因可能为：在充电过程中由于BMS在监控中发现动力电池包的温度过高，BMS开启过温保护，从而切断了充电接触器，初步分析原因是动力电池包温度传感器的故障。

2）检测发现该车辆在充电过程中，动力电池包有两节动力电池单体（9、10）温度一直处于异常状态，明显高于其他动力电池单体，如图4-13所示为上位机检测9、10节动力电池单体温度异常柱形图。

3）第9和第10节动力电池单体的温度会跳变，偶尔跳到50~70℃之间，这就导致了BMS开启动力电池包过温保护，切断充电接触器。如图4-14所示为上位机检测9、10节动力电池单体温度跳变图。

4）由于比亚迪e6采用了集中式动力电池管理系统，所以首先更换了BMS进行故障验证，更换后，使用上

图4-12 奇瑞艾瑞泽7动力电池冷却风道

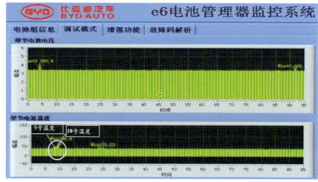

图4-13 上位机检测9、10节动力电池单体温度异常柱形图

位机再次进行测试,如图 4-15 所示为更换 BMS 后上位机监控数据。

5)图 4-15(更换 BMS 后)和图 4-13(更换 BMS 前)的 9 号和 10 号动力电池单体温度采样柱形图相同,原因为:动力电池包温度传感器故障导致或 9 号、10 号动力电池单体内阻较大。

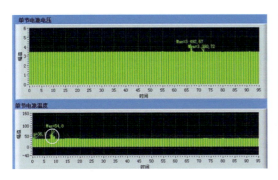
图 4-14 上位机检测 9、10 节动力电池单体温度跳变图

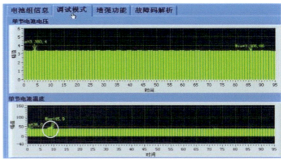
图 4-15 更换 BMS 后上位机监控数据

二、SOC 跳变、续驶里程短故障

1. 故障描述

SOC 由 BMS 进行计算,影响 SOC 计算的主要因素有:放电电流、温度、一致性、自放电、容量衰减及动力电池管理等。

SOC 跳变类故障通常是动力电池包内部动力电池单体出现非一致性,当出现动力电池单体非一致性时,BMS 进行保护,BMS 根据所采集的电压信息进行运算和控制。

2. 案例分析

比亚迪唐 80 插电式混合动力汽车 SOC 跳变。

故障现象:

行驶中 SOC 有时会自动跳到 99%,另外车辆在用交流充电器充电时,充电几分钟后 SOC 就会变为 100%,组合仪表无故障提示。

原因分析:

动力电池单体电压异常、BMS 故障。

诊断方法:

1)静态用 VDS1000 读取动力电池包信息,无异常。

2)进行试车,行驶约 5min,SOC 由 64% 突然跳到 99%,这时读取第 134 节动力电池单体电压过高,为 4.308V,过几秒后电压又降低到 3.772V 左右。

3)对车辆进行充电测试,充电至 SOC 28%,读取第 134 节动力电池单体电压为 4.308V,SOC 突然修正为 100%。如图 4-16 所示为 134 节动力电池单体电压跳变数据。

4)通过数据分析:动力电池在行驶、充电测试中确认 134 节动力电池单体电压异常。

故障排除:更换动力电池包后故障排除。

图 4-16　134 节动力电池单体电压跳变数据

三、分布式动力电池管理系统电池采集器故障

1. 故障描述

采集器的主要功能有电池电压采样、温度采样、动力电池均衡、采样线异常检测等。它由动力电池采样线与动力电池管理器连接，实现二者之间的通信及信息交换。若出现故障，首先应排查 BIC 的 CAN 终端电阻、屏蔽电阻、电源是否异常及动力电池管理器是否故障。

2. 案例分析

故障现象：
车辆无 EV 模式，BMS 报 BIC 1～16 CAN 通信超时故障。
故障原因：
BMS 故障、动力电池包内部 BIC 故障、CAN 网络故障。
故障诊断：
1）车辆上 ON 档电，清除故障码，断电后重新上电。
2）故障码重现，先看主驾下方动力电池包低压插接件是否正常。
3）ON 档电时，检测动力电池包到 BMS 之间的线束 BIC 供电是否正常。
①检查管理器端 K158-6、K158-7 对地电压是否约为 12V，若不正常检查 BMS 动力电池管理器低压供电是否正常。
②检查线束端（采样线束母端）K161-A、K161-B 对地电压是否约为 12V，若不正常更换该线束。
4）若以上电压均正常，需要检查 CAN 线，在 ON 档电时测量 K161-f 对地电压是否为 1.5～2.5V，K161-j 对地电压是否为 2.5～3.5V，若不正常，测量与 K158 之间端子导通电阻是否<1Ω，不符合更换该线束，符合则更换 BMS 后再进行测试。
5）测量 BIC 的 CAN 终端电阻（采样线公端）K161-f 与 K161-j 阻值为 120Ω 左右；CAN-H/L 与屏蔽电阻，K161-f/K161-j 与 K161-e 应大于 1MΩ（DC 1000V）。
6）对车辆测量以上均正常，并替换 BMS 无法排除，确认为动力电池包内部 CAN 网络故障，需更换动力电池包。

四、动力电池严重不均衡类故障

1. 故障描述

动力电池严重不均衡，属于动力电池内部单体电池严重非一致性问题，出现严重不均衡会造成充电量和充电时间变短，并且缩减续驶里程。

2. 案例分析

故障现象：

比亚迪 e6 充满电后只能行驶 80km 左右，诊断仪读取故障码为：P1AB800 BIC 均衡硬件严重失效、P1ABA0C 动力电池严重不均衡。

如图 4-17，①组合仪表出现请检查动力电池的故障提示。②有两个故障码分别是：P1AB800 BIC（信息采集器）均衡硬件严重失效、P1ABA0C 动力电池严重不均衡。

故障码的生成原理：BIC 信息采集器采集其监控的单体动力电池的电压和温度，一旦出现单个模组之间的最高电压与最低电压压差超出上限值，并且动力电池管理系统已经启动了均衡控制，但是经过均衡后压差仍然比较大，BMS 动力电池管理器仍然通过数据判断出电压

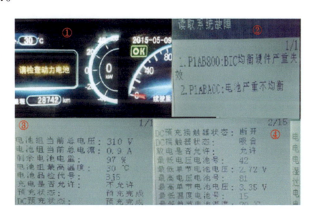

图 4-17 严重不均衡类组合图

超出了上限值，BMS 即开始储存均衡硬件严重失效和动力电池严重不均衡的故障码。

第③④数据流可以发现最低单体动力电池电压为 2.72V，最高单体动力电池电压为 3.35V，剩余电量为 97%，压差在 630mV，属于严重不均衡故障。

诊断方法：

1）对车辆进行全充全放一次。

2）BMS 测试 80%、50%、0% 单体动力电池电压数据流，观察最低动力电池单体电压是否一致；如果电压一致更换 BMS 动力电池管理器，如果电压不一致需要更换动力电池包。

维修小结：

动力电池管理系统是如何均衡的，这个是本小节的重点内容，判断比亚迪汽车是否需要均衡的标准：放电放到 5% 读取数据流看数据流压差，充电充到 100%，看一下动力电池包的压差数据是否超出上限值，如果超出上限值，则需要更换动力电池包，如果压差数据在合理区间内，则需要进行均衡。比亚迪汽车动力电池管理系统采用的是插枪被动均衡，下面对比亚迪汽车的均衡方法进行说明。

比亚迪系列车型采用的均衡方案属于被动均衡类，它是在充电结束后进行均衡，由于比亚迪系列车型采用的动力电池组里面模组数量较多，为了保障充电后每一个单体动力电池都可以得到均衡，因此在比亚迪系列车型上设置有预约充电，也就是客户可以自行设置充电时

间，避开用电高峰期，这样设置的优点就是电费便宜（人性化设置理念）。预约充电、充电过程、充电均衡、均衡过程及均衡结束后的示意图如图4-18~图4-22所示。

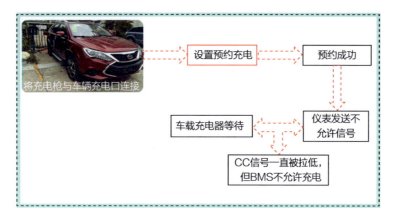

图4-18 预约充电流程图

图4-19 充电过程

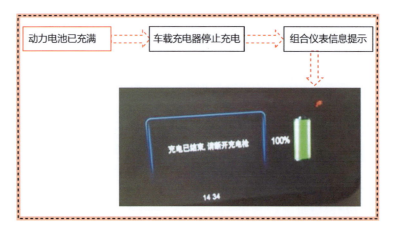

图4-20 充电均衡

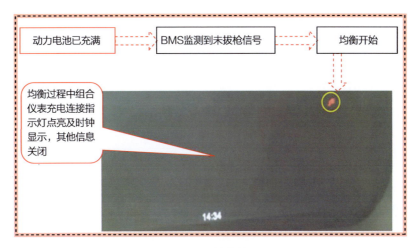

图4-21 均衡过程

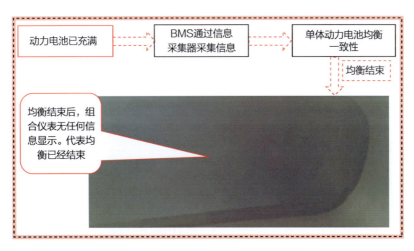

图4-22 均衡结束

通过前面的描述，大家已经了解了，采用被动均衡方式进行均衡的情况下，会有能量消耗，所以在充电结束后立即拔下充电枪不进行均衡和进行均衡直到均衡结束所消耗的电量是有差别的，当然差别的数值和动力电池组的单体动力电池不一致程度有关，所以预约充电和普通充电有一定的差异。由于在充电和充电均衡直到均衡过程结束的时间比较长，如果正在均衡期间拔下充电枪也是可以驾驶车辆的，但是在第二次预约充电时BMS仍旧会按照第一次均衡的动力电池模组进行均衡，这也是比亚迪人性化设置的一个优点。

均衡如同是传统燃油车的发动机保养，如果发动机保养得当，发动机的使用寿命就会延长，车辆的保值率会增加。同样，新能源汽车均衡策略就是常规保养的重点项目，根据动力电池的压差数据和驾驶员日常驾驶的经验来判断车辆是否需要均衡养护。

第三节　动力电池包绝缘（漏电）故障诊断检测方法

电动汽车/混合动力汽车的 BMS 监测出漏电现象，特别是"严重漏电"，如果车辆在行驶过程中出现就会切断接触器，车辆动力被切断。动力电池也会存在绝缘故障，所以本小节重点描述动力电池包的漏电故障诊断技巧和方法。

一、故障描述

动力电池包是否发生漏电现象，需要了解其内部结构，主要掌握和了解动力电池的组成结构。

第一种结构是动力电池包内部有多个模组串联，动力电池配置有 MSD 检修开关。模组与模组之间有铜排连接片，并且每一个模组里都包含有电压、温度采样线。

如果动力电池管理系统采用的是分布式结构，则在动力电池包内还有分控式信息采集器，如图 4-23 所示为动力电池包结构示意图（一）。第二种结构是在原来的基础上于动力电池包内部某模组内设计了分压接触器，图 4-24 所示为动力电池包结构示意图（二）。一些车型不但有分压接触器，还在动力电池包内部设计了负极接触器，有些车型没有在动力电池包内部模组里面设计分压接触器，但是在输出引线设计了负极接触器，如图 4-25 所示为动力电池包结构示意图（三）。随着新能源技术越来越成熟，在质量

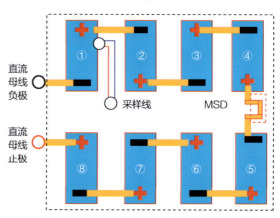

图 4-23　动力电池包结构示意图（一）

上有一定保障，一部分车型便在动力电池包内部设计了高压配电箱，如图 4-26 所示为动力电池包结构示意图（四）。

通常动力电池包内部漏电的原因包括：

①模组与模组之间的铜排连接片绝缘层破损。

②信息采集器内部短路或采集线挤压破损。

③动力电池包由于外部碰撞导致单体动力电池漏液造成绝缘故障。

④绝缘监测模块（如设计在动力电池包内部）内部电路板短路。

⑤动力电池包内部高压配电箱（如设计在动力电池包内部）内部短路。

⑥动力电池包进水导致或水冷冷却管路（动力电池包内部）漏液。

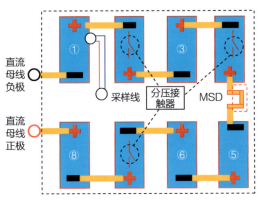
图4-24 动力电池包结构示意图（二）

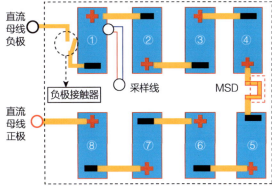
图4-25 动力电池包结构示意图（三）

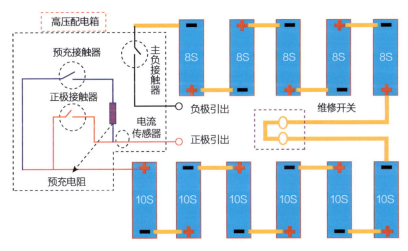
图4-26 动力电池包结构示意图（四）

二、故障诊断

如何判断动力电池包是否漏电呢？首先需要了解动力电池包内部结构，根据动力电池包结构来分析。

第一种方法：使用数字兆欧表测量，在测量时把动力电池的正极母线与负极母线从动力电池包上拆下来，使用数字兆欧表进行绝缘测试，如图4-27所示为使用数字兆欧表测量图示（测量条件：①了解动力电池包总电压。②根据总电压选择表档位。③黑色表笔测量动力电池包外壳。红色表笔分别测量正/负极母线，正常绝缘阻值应大于550MΩ）。

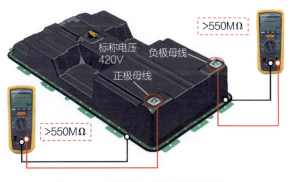
图4-27 使用数字兆欧表测量图示

根据以上所了解到动力电池内部的不同结构，检查方法也有所差异。举例说明：比亚迪元EV360（EB款）动力电池包内部设计有高压配电箱,可以采用以下方法检查:①确认 BMS 安装在动力电池外部。②了解动力电池包的低压接线端子针脚功能。③使用跨接线连接到正/负极接触器线圈电源端子和控制端子。④接低压蓄电池正负极。⑤连接完毕后,可以听到动力电池包内部正/负极接触器有吸合的声音,如图 4-28 所示。

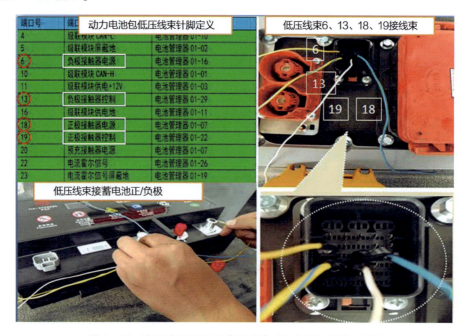

图 4-28 比亚迪元 EV360（EB 款）动力电池包接线示意图

低压线束连接完毕后,使用数字兆欧表进行测试,将表旋至 500V 档位,黑色表笔接动力电池包外壳,红色表笔接正/负极母线输出端,按下测试按钮,等待绝缘电阻数据稳定后检查其阻值是否合格,如图 4-29 所示为正极对接地的绝缘阻值。图 4-30 所示为负极对接地的绝缘阻值。

图 4-29 正极对接地的绝缘阻值　　　　　　图 4-30 负极对接地的绝缘阻值

第二种方法:（电压测量及计算公式）在对动力电池包进行绝缘检测时,要注意的是主正接触器和主负接触器是否安装在动力电池组内部,如果安装在高压配电箱中,需佩戴绝缘手套验证直流母线输出是否有高压直流电,如果有可以参阅后面的文字与图片说明；如果主正和主负接触器安装在动力电池内部,则需要根据维修手册说明进行操作,让主正和主负接触器进行吸合后,检测直流输出母线是否有电压。

测量步骤第一步：如图4-31所示，将万用表旋至直流电压档，一只表笔测量直流母线正，一直表笔测量动力电池包外壳（接地），读取万用表的电压数据，并记录。

测量步骤第二步：如图4-32所示，万用表仍是直流电压档，一只表笔测量直流母线负，一直表笔测量动力电池包外壳（接地），读取万用表的电压数据，并记录。

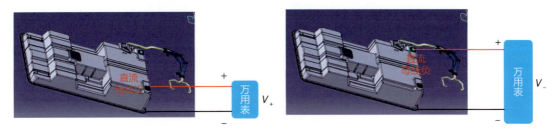

图4-31 测量步骤第一步　　　　　　　图4-32 测量步骤第二步

测量步骤第三步：如图4-33所示，比较V_+和V_-，选择电压大的进行下一步（例如$V_+ > V_-$）。在电压相对大的数值上并联一个$100 \sim 150\text{k}\Omega$电阻进行测量，计算方法如图4-34所示。

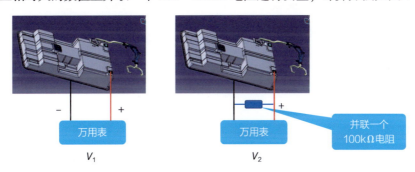

图4-33 测量步骤第三步

计算（在计算时，要将电阻R的电阻值换算成Ω）：

$$\frac{\frac{V_1 - V_2}{V_2} \times R}{\text{动力电池电压}} > 500\,\Omega/\text{V} \quad \checkmark \text{ 不漏电}$$

$$\frac{\frac{V_1 - V_2}{V_2} \times R}{\text{动力电池电压}} \leq 500\,\Omega/\text{V} \quad \times \text{ 漏电}$$

图4-34 测量方法之计算公式

技术小贴士：

在测量时如果所测量的电压相加等于总电压，这时可以判断动力电池包漏电。

故障动力电池模组位置大概判断（经验值）：

故障动力电池模组位置大概判断 = $\dfrac{\text{动力电池负极母线对外壳电压}}{\text{动力电池包总电压}}$ × 动力电池单体串联数量

比亚迪唐DM动力电池包漏电测量：

动力电池包形状如图 4-35 所示。动力电池包内部配置 1 个负极接触器和 2 个分压接触器，如图 4-36 所示。

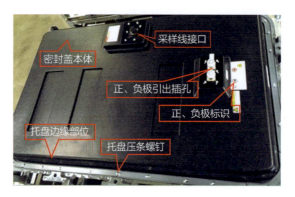

图 4-35　比亚迪唐 DM 动力电池包形状

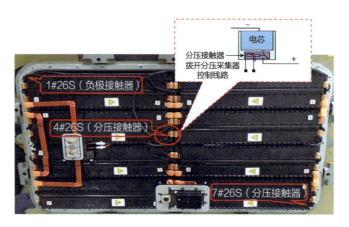

图 4-36　动力电池包内部结构图

由于内部有 1 个负极接触器、2 个分压接触器，因此在测量动力电池包是否漏电时需要将负极接触器和分压接触器闭合，才能从动力电池包的正负极引线孔测量其电压，并判断动力电池包是否漏电，测量步骤图示如图 4-37 所示。

图 4-37　测量步骤图示

技术小贴士：

检测步骤说明：对于非 4S 店维修技师在维修与诊断时，可以根据对应动力电池包的端子定义接线（主要是负极接触器、2 个分压接触器的线圈控制端），准确无误后再接 12V 低压蓄电池正负极，并进入下一步检测。

测试步骤：如图4-38所示为测量动力电池包电压数据。

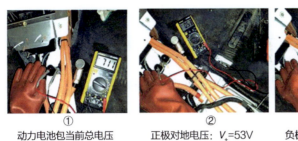

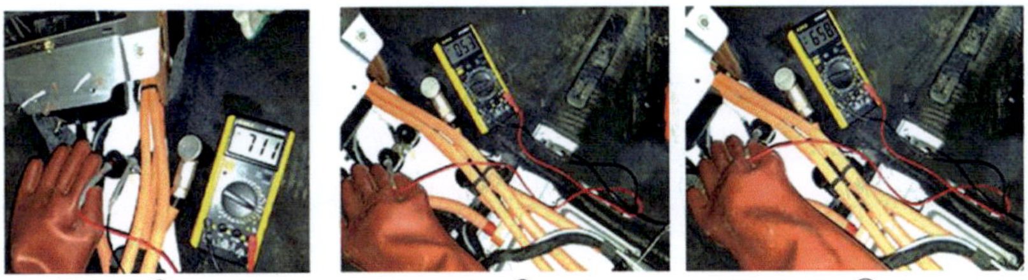

① 动力电池包当前总电压 $U=711V$　　② 正极对地电压：$V_+=53V$　　③ 负极对地电压：$V_1=V_-=658V$

图4-38　测量动力电池包电压数据

并联100kΩ电阻的测量电压数据，如图4-39所示。

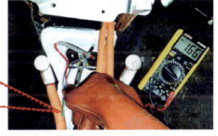

$R_0=100.1\Omega$　　　　V_1并联R_0（100100Ω）所测量的电压$V_2=166V$

图4-39　并联100kΩ电阻测量电压数据

根据测量的数据进行计算，计算方法及计算后结果如图4-40所示。

$$K=\frac{\frac{V_1-V_2}{V_2}\times R_0}{U}=\frac{\frac{658-166}{166}\times 100100}{711}\approx 417\Omega/V<500\Omega/V$$

图4-40　测量计算后的结果

根据计算的结果已经判断出动力电池包漏电，但是是哪一个模组漏电，我们可以按照以上的计算公式进行计算（大概位置），计算结果如图4-41所示。

$$K=\frac{动力电池总负极对外壳的电压}{动力电池包总电压}\times 总串数=\frac{658}{711}\times 216\approx 200$$

图4-41　计算后的漏电大致部位

计算出的数据为200，即表示是从总负开始第200串单体电池部位漏电，本车动力电池包总计为8个模组216串单体电池，从总负的第1#模组开始数起，到第7#模组共计为26+28+28+26+26+28+26=188，8#模组内有28串单体电池，因此可以判断漏电的第200串单体电池部位在8#模组内。这样知道了漏电部位在哪个模组内，检查就比较简单了，分解8#模组检测维修就可以了，如图4-42所示。

三、案例分析

保时捷混合动力汽车动力电池包漏电故障。

故障现象：

一辆保时捷混合动力车型，是事故车，修复完毕后车辆无法启动，组合仪表故障报警灯点亮如图 4-43 所示。

诊断方法：

1) 使用诊断仪读取高压动力电池模块，故障码显示：P0AA600 Hybrid/EV Battery Voltage System Isolation Fault（混合动力汽车/电动汽车动力电池电压系统绝缘故障）。

2) 使用诊断仪进行执行测量：发现 HV+ 对壳体的电阻为 0.54MΩ，HV- 对壳体的电阻也为 0.54MΩ，而诊断仪所给出的标准数据为 >2.4MΩ。

3) 断开高压动力电池的所有高压线束，测量 HV+ 与壳体的电压为 0.1V，数据正常。

4) 测量 HV- 与壳体的电压为 143.5V，说明有故障。

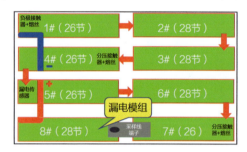
图 4-42 漏电位置示意图

图 4-43 组合仪表故障报警灯点亮

5) 单独对高压动力电池总成进行绝缘故障测量，发现 HV+ 对壳体的电阻为 27MΩ，HV- 对壳体的电阻为 0.63MΩ，判定高压动力电池总成有绝缘故障。

6) 拆解高压动力电池，发现有一块动力电池的绝缘保护外壳底部有破损，破损形状为从内向外凸出，导致高压动力电池壳体带电压，如图 4-44 所示为动力电池包故障部位图。

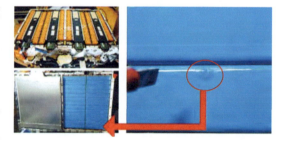
图 4-44 动力电池包故障部位图

维修小结：

如图 4-45 所示，由于动力电池组内部单体动力电池（镍氢电池）在外力事故作用下，动力电池包内部结构已经破损，导致破损处漏电从而出现动力电池漏电的症状。

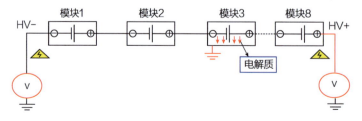
图 4-45 动力电池破损检查示意图

第四节　动力电池采样信号故障诊断检修实战

一、秦 Pro DM 动力电池包故障

故障现象：

一辆秦 Pro DM 插电式混合动力车型，在车库挪车时发现组合仪表上面显示 EV 功能受限，还出现请检查动力系统故障提示，无法启动车辆，如图 4-46 所示为组合仪表报警灯提示。

诊断方法：

经用 VDS2000 扫描后发现动力电池管理系统内部有 9 个故障码：
① P1A0200BIC1 工作异常故障；

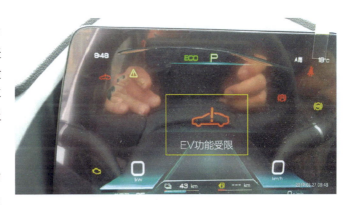

图 4-46　组合仪表报警灯提示

② P1A0300BIC2 工作异常故障；③ P1A0400BIC3 工作异常故障；④ P1A0500BIC4 工作异常故障；⑤ P1A0600BIC5 工作异常故障；⑥ P1A0700BIC6 工作异常故障；⑦ P1A2000BIC1 温度采样异常故障；⑧ P1A2200BIC3 温度采样异常故障；⑨ P1A2400BIC5 温度采样异常故障，如图 4-47、图 4-48 所示为诊断仪故障码。

图 4-47　诊断仪故障码（一）

图 4-48　诊断仪故障码（二）

秦 Pro DM 动力电池内部基本结构：动力电池系统是 DM 车主要动力能源之一，它为整车驱动和其他用电器提供电能。

秦 Pro DM 的动力电池系统由 3 个动力电池模组、3 个动力电池信息采集器（但是诊断仪读取 6 个 BIC，说明诊断仪软件诊断系统有缺陷）、动力电池串联线、动力电池支架、动力电池密封罩、动力电池采样线等组成。3 个动力电池模组中各有 36 节动力电池单体，总共 108 节动力电池单体串联而成，额定总电压为 DC 388.8V，总电量为 14.38kW·h。

另外动力电池包内部还包含通信转换模块、动力电池连接铜排、托盘、密封罩、漏电传感器、高压配电箱。

动力电池包外部形状为"T"字形,安装在车辆底盘处,如图4-49所示为动力电池形状。

图4-49 动力电池形状

动力电池包插接件图示说明,如图4-50所示。

动力电池包内部模组连接示意图,如图4-51所示。

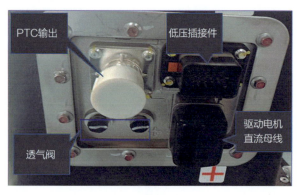

图4-50 动力电池包插接件图示说明

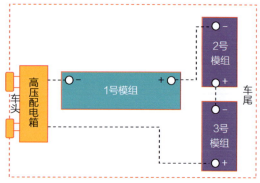

图4-51 动力电池包内部模组连接示意图

动力电池包内部连接数模图,如图4-52所示。

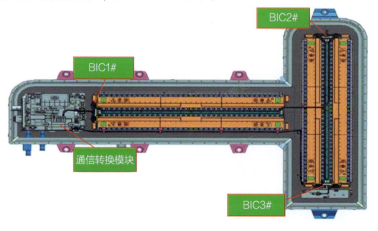

图4-52 动力电池包内部连接数模图

高压配电箱内部实物分解图,如图4-53,图4-54所示。

图4-53 高压配电箱内部实物分解图(一)

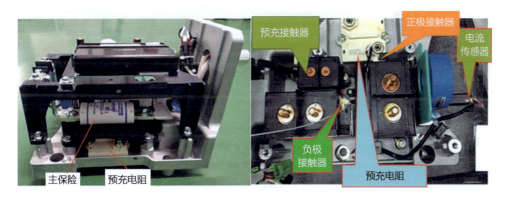

图4-54 高压配电箱内部实物分解图(二)

动力电池包冷却系统管路接口如图4-55所示。

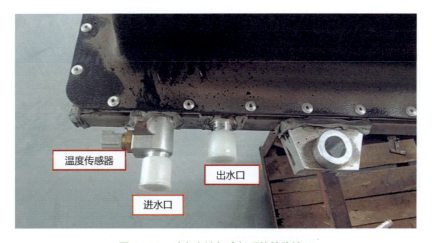

图4-55 动力电池包冷却系统管路接口

动力电池包低压插接件针脚排列顺序如图4-56所示。

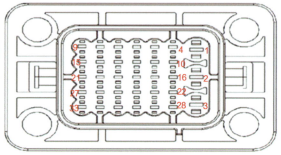

图4-56 动力电池包低压插接件针脚排列顺序

动力电池包低压插接件针脚定义表,见表4-1。

表4-1 动力电池包33PIN低压信号插接件针脚定义表

端口号	端口定义	端口号	端口定义
1	NC	18	采集器CAN-H
2	BCC电源	19	采集器CAN-L
3	电源地	20	采集器CAN-地
4	预充接触器电源	21	NC
5	正极接触器电源	22	漏电传感器地
6	负极接触器电源	23	漏电传感器12V电源
7	分压接触器电源	24	漏电传感器CAN-地
8	进水口温度1	25	漏电传感器CAN-L
9	行车高压互锁输入	26	漏电传感器CAN-H
10	预充接触器控制	27	一般漏电信号
11	正极接触器控制	28	严重漏电信号
12	负极接触器控制	29	NC
13	分压接触器控制	30	霍尔电流信号
14	进水口温度地	31	霍尔电流屏蔽地
15	行车高压互锁输出	32	霍尔电流+15V电源
16	出水口温度2	33	霍尔电流-15V电源
17	出水口温度地		

根据动力电池包内部结构原理以及低压插接件针脚定义说明进行检查,低压线束上的电源、接地线、通信线正常,读取BIC数据流温度采样数据异常,如图4-57所示,但是读取14~16号温度采样数据正常,由正常数据也可以分析动力电池包低压插接件电源、接地线、通信线路正常,如图4-58所示为BIC温度采样数据流。

 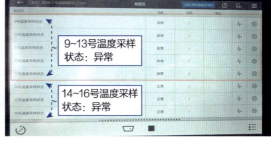

图 4-57　BIC 数据流温度采样数据异常　　　图 4-58　BIC 温度采样数据流

在清除故障码后车辆恢复正常，可以正常使用 EV 模式行驶。关闭启动开关后再次启动又出现同样故障，组合仪表再次报 EV 功能受限，请检查动力系统。用 VDS2000 读取内部故障码又出现 9 个同样的故障码，读取动力电池管理系统数据流还是出现温度采样信息异常故障，检查原因为动力电池包内部 BIC 采样系统出现问题。

故障排除：

动力电池包内部温度采样线及信息采集器故障。由于是商品车辆，动力电池包在质保期内，更换动力电池总成后故障排除。

维修小结：

本故障一个难点，就是信息采集器与通信转换模块在动力电池包内部连接，了解动力电池内部的信息采集器是哪一种连接关系，在诊断时我们才能快速诊断，图 4-59 所示为动力电池包内部通信转换模块、信息采集器连接关系图。

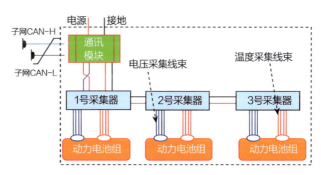

图 4-59　动力电池包内部通信转换模块、
信息采集器连接关系图

二、秦 Pro DM 动力电池信息采集器故障

故障现象：

一辆秦 Por DM 插电式混合动力车型，行驶 30784km，车辆出现交通事故后进行了修复，当时出现事故时是夏季多雨季节，车辆修复好后涉水行驶，组合仪表显示"EV 功能受限"的故障提醒，如图 4-60 所示。

原因分析：

①动力电池包组成故障。
②高压系统故障。
③BMS 及信息采集器故障。
④互锁环路不完整。
⑤高压系统存在严重绝缘故障。
⑥接触器烧结故障。
⑦动力电池包进水。

⑧低压线路故障。

检修过程：

1）使用诊断仪扫描整车故障，扫描出的故障码如图 4-61 所示。

图 4-60　组合仪表显示"EV 功能受限"

图 4-61　扫描出的故障码

2）通过扫描出的故障码，发现 ECM 网 - 整车控制器有一个故障，P1D7100 高压系统故障，BMS 放电不允许，为当前故障，但是此故障属于被动从故障码。而动力网 - 动力电池管理系统 - 三元锂电池 80 存在 2 个故障，分别为 P1A0E00 BIC3 电压采样线异常故障、P1A3522 动力电池单体电压严重过高故障，这两个故障码属于主故障码。

3）P1A0E00 BIC3 电压采样线异常故障码设置条件分析：主控 BMU（BMS）未接收到 BIC 信息采集器的信息或接受的信息有错误，BMS 就会储存此类故障码，如图 4-62 所示为 BIC3 异常数据流。

4）根据上图数据流进行分析，BIC3 信息采集器所采集的数据异常，但综合第二个故障码 P1A3522 动力电池单体电压严重过高故障码分析，由于 BIC3 信息采集器所采集的信号有误（BIC3 最高单体动力电池电压为 4.831V），BMS 在接收到此数据信息时做出判断，首先做出信息采集器有故障的同时再根据 BIC3 所传递

图 4-62　BIC3 异常数据流

的数据发现 11#单体动力电池电压较高为 4.831V（已经超出充电截止电压 4.2V），属于过压故障，BMS 就会储存第二个故障码，无论是第二个故障码还是第一个故障码都需要分解动力电池包进行检修。

注：秦 Pro DM 混合动力汽车，动力电池包内部一共有三个模组，每一个模组有 36 个单体动力电池组成，动力电池包一共有 108 个单体动力电池串联组成，额定电压为 388.8V，单体动力电池额定电压为 3.6V，放电截止电压 2.5V，充电截止电压为 4.2V。

5）由于从动力电池包外部没有发现任何碰撞迹象，随即进行拆解动力电池包进行检查，在检查中发现动力电池包下侧骨架有损坏痕迹，并且发现动力电池包内部有大量的水迹，如图 4-63 所示。

6）根据第一个故障码含义重点检查信息采集器及采样线束，发现 BIC3 信息采集器子插接件和母插接件由于进水导致锈蚀，如图 4-64 所示。

图 4-63　动力电池包解剖图

图 4-64　故障部位图

故障排除：

将动力电池包损坏部位进行处理，使用压缩空气把内部的水处理完毕，同时把 BIC3 信息采集器锈蚀部位处理，装车测试车辆可以使用 EV 功能行驶，如下图 4-65 所示。

图 4-65　故障排除后组合仪表正常图示

 三、江淮新能源电动汽车 BMS 初始化错误

故障现象：

一辆江淮新能源车辆无法启动，系统故障灯点亮，上位机上报故障为动力电池管理系统初始化失败（P3013）。

故障原因：

1）BMS 的 LBC 主板内部故障。

2）BMS 的 LBC 供电电源电路故障。

BMS 的 LBC 实物图如下图 4-66 所示。

检修步骤：

首先断开动力电池包低压插接件，Key-ON 电测量低压线束端 V 端口电压，如果电压异常检查供电电路。如果电压正常，检查 C 接地线是否正常，如果异常检查接地线。如果接地线正常，更换 BMS 的 LBC。

图4-66　BMS 的 LBC 实物图

诊断过程：

拔下动力电池包低压插接件发现动力电池包子、母插接件大量锈蚀，如下图4-67所示。

图4-67　子、母插接件大量锈蚀

故障排除：

将插接件锈蚀部位进行处理后，测量其电源供电电路、接地线正常。将插接件安装完毕后上高压电启动成功。原因是低压插接件密封不良导致进水，出现锈蚀造成。

故障总结：

在维修新能源汽车时，特别是动力电池包在车辆底盘下部，如果高低压线路密封不良，将会导致车辆在涉水后高、低压插接件进水。如果高压插接件进水将会使车辆报绝缘故障，如果低压插接件进水将会导致车辆低压插接件接触不良，甚至造成车辆无法启动上高压电等故障。

第五章
空调系统故障诊断与检修

第一节　空调制冷系统故障诊断检修技巧

电动压缩机集电控、电机及压缩机为一体设计，压缩机在电控控制、电机运转以及电控保护下工作实现空调系统制冷。电动汽车/混合动力汽车通常都采用电动涡旋式空调压缩机，混合动力汽车无论使用 EV 模式还是 HEV 模式，均采用电动压缩机进行制冷，一旦 SOC 剩余电量低于下限设定值时，将会启动发动机运转，发电机发电在向动力电池包充电的同时，也同时向电动涡旋式空调压缩机传输直流电以满足驾驶员制冷的需要。因为电动汽车省去了发动机，所以在制冷时都采用电动压缩机进行制冷，一旦 SOC 剩余电量低于下限设定值时，整车控制器将启动能量管理，切断电动空调压缩机工作，制冷功能被强行关闭。

随着新能源技术的不断创新，动力电池热管理系统同样采用水冷+空调制冷的方式，采用动力电池包的水冷+直冷的热管理技术，空调制冷管路和控制策略也会有所区别。读者朋友们在检修时要根据车辆配置进行检修。

电动压缩机的故障模式通常分为：启动失败类故障、间歇性不制冷类故障、电动压缩机异响类故障、制冷管路/电动压缩机泄漏类故障、电动压缩机漏电类故障、系统污染类及其他类故障。

一、启动失败类故障

1. 故障描述及诊断方法

在电动压缩机插接件上分为：低压线束插接件、高压线束插接件。高压线束的高压直流电通常是通过高压配电箱向电动压缩机提供高压直流电，如图 5-1 所示为空调系统组成框架图。

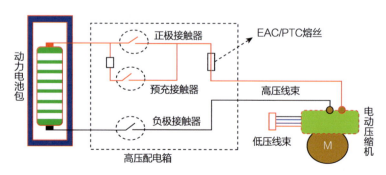

图 5-1　空调系统组成框架图

在上电成功后，正极/负极接触器闭合，通过 EAC/PTC 熔丝输入至电动压缩机，但是电动压缩机高压熔丝熔断后，将会造成电动压缩机启动失败的故障，电动压缩机不工作。读取空调系统故障码会有"输入电压欠电压"的故障码，此时可以通过读取动力电池管理系统获取动力电池的电压，并且车辆可以上电说明其他模块的直流母线输入电压正常，需要检查 EAC/PTC 高压熔丝是否熔断。如图 5-2 所示为奇瑞艾瑞泽 7 PHEV 车型高压熔丝检查方法，奇瑞艾瑞泽 7 PHEV 汽车 IPU 内部高压分线盒结构图如图 5-3 所示。

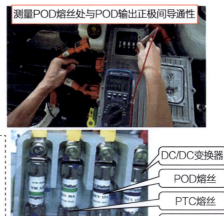

高压分线盒集成在驱动电机控制器（IPU）内部，里面集成了DC/DC变换器熔丝、POD熔丝、PTC熔丝、电动压缩机熔丝。

将POD、PTC和电动压缩机插头拔出断开，用万用表电阻档分别检测POD、PTC和电动压缩机插接件内部接线柱正负极与高压母线插座内正负极接线柱电阻是否为0.5Ω以内，否则对应熔丝未烧毁。

若不在0.5Ω以内，则需将高压分线盒熔丝盒盖4颗螺钉松开，打开熔丝盒盖。

图 5-2　奇瑞艾瑞泽 7 PHEV 车型高压熔丝检查方法

空调启动失败其中一个原因为：电动压缩机熔丝断路。如果高压熔丝断路，但是系统储存"输入电压欠电压"，拔下电动压缩机的输入高压直流电，短接高压互锁线使用万用表测量输入高压直流电压。如果有电压，则证明电动压缩机内部控制器故障，更换电动压缩机总成，如果无电压，则需要检查高压电缆连接触点。如图 5-4 所示为检测流程第一步，拔下电动压缩机插接件，短接插座端高压互锁。

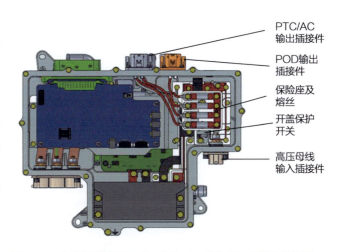

图 5-3　奇瑞艾瑞泽 7 PHEV 汽车 IPU 内部高压分线盒结构图

如图 5-5 所示为检查及分析，若动力电池当前电压为 DC 420V，短接高压互锁，上电后测量电动压缩机高压直流电，如果无电压则证明熔丝断路，若熔丝无断路，检查高压电缆接触点是否接触不良。如果有电压但电压比较低（例如 DC 300V），则证明高压线路接触部位接触不良，如果有电压且和动力电池包电压相等，但是系统储存"欠电压故障"，则电动压缩机内部控制器故障。

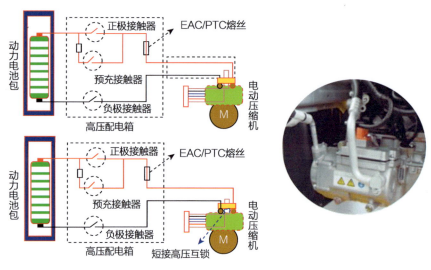

图5-4 检测流程第一步

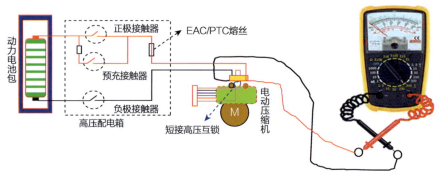

图5-5 检查及分析

启动失败故障的其他原因有：低压系统故障，通常低压系统故障包括电源故障、接地线故障、通信线路故障。

启动失败低压检测过程：如果高压系统正常，此时要检查低压控制线路，首先测量其电源正负极，打开点火开关，用万用表测量电动压缩机低压线束插接件，正常情况下应该为低压蓄电池电压，如果无电压进入下一步测量，以奇瑞艾瑞泽7 PHEV车型的检测方法为例，如图5-6所示为启动失败故障低压电路诊断第一步。

如果万用表无电压，有以下原因：低压空调熔丝断路、前机舱熔丝盒至电动压缩机线路断路、接地线断路等。下一步诊断，红色表笔保持原1号PIN位置不动，另一只表笔接车身接地，如果有电压则说明电线断路，如果无电压检查低压空调熔丝及前机舱熔丝盒至电动压缩机的线路是否断路。如果测量供电电源及接地线无故障，检测CAN通信线路是否正常，艾瑞泽7 PHEV网络拓扑图如图5-7所示。

根据图5-7所示网络拓扑图可以看出电动压缩机通信网络在动力网网络，在检修时用万用表测量CAN-H和CAN-L对地的电压，正常电压CAN-H为2.5~3.5V、CAN-L的电压为1.5~2.5V。

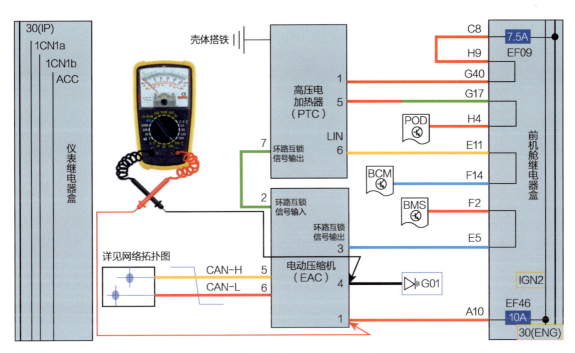

图5-6 启动失败故障低压电路诊断第一步

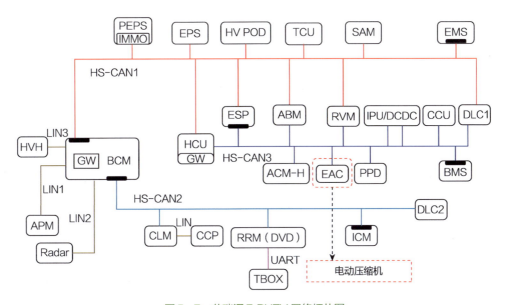

图5-7 艾瑞泽7 PHEV网络拓扑图

如果电动压缩机低压线束电压正常，CAN通信正常，电动压缩机启动失败，可以通过电动压缩机高压插接件不解体进行诊断与检测。如图5-8所示，使用万用表，旋至二极管档位，红表笔测量高压插座端正极，黑表笔测量负极（正侧），应该显示无穷大。

如图5-9所示，二极管档位反侧测量高压线束插座，黑表笔测量正极侧，红表笔测量负极侧（反侧），万用表显示电压降，数据在600~800mV之间。

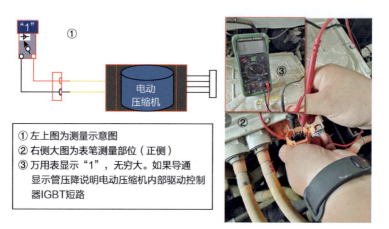

图5-8 二极管档位正侧高压线束

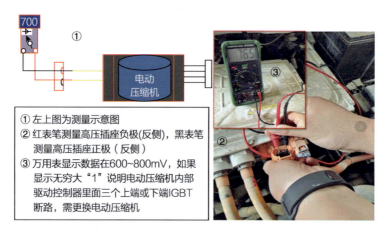

图5-9 二极管档位反侧高压线束

阻值测量确认方法，此方法为验证方法，不能作为故障判断技巧，无论正侧还是反侧所测阻值在kΩ级别即可，如图5-10所示为正侧测量高压插座端阻值。

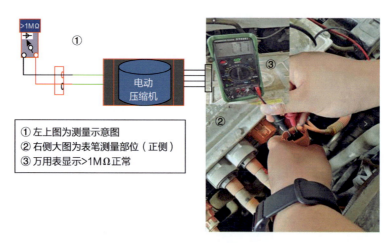

图5-10 正侧测量高压插座端阻值

如图 5-11 所示为反侧测量高压插座端阻值，通常阻值在 200~300kΩ 以上，但是不能作为故障判断依据，实测数据在 6MΩ 以上为正常值。

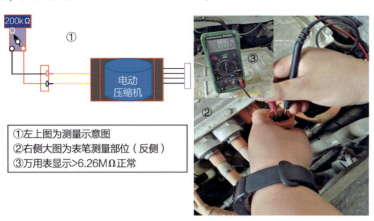

图 5-11　反侧测量高压插座端阻值

开启空调，电动压缩机发出"咔咔"声音，但是电动压缩机转不起来，读取系统故障码，报"启动失败或内部电流过大"，首先确认系统静态压力和动态压力（如果压力异常需要检查冷却风扇工作状态），如果冷却风扇运转正常，电动压缩机转不起来，此时需要检查电动压缩机的电流是否过大，如果电流过大需要更换电动压缩机。

电动压缩机压力数据，如图 5-12 所示。

电动压缩机在工作时高压侧压力为 10~18kg/cm²，低压侧压力为 1.0~3.0kg/cm²，如图 5-13 所示（1kg/cm² = 0.1MPa）。

图 5-12　高压静态压力

图 5-13　电动压缩机工作时低/高压侧压力

2. 案例分析

比亚迪元 EV360（EB 款）空调启动失败。

故障现象：

空调无法正常工作。

诊断方法：

1) 通过 VDS 检测是否有故障码，并查看数据流是否正常。

2) 当故障码为"负载电压欠电压"，数据流中"负载电压"远小于动力电池包电压值，但 DC 高压侧电压正常时，可测量空调熔丝以确认故障原因。

系统结构了解：如图 5-14 所示为充配电总成的空调熔丝位置。

检查过程图解：

1) 测量空调熔丝是否导通，如图 5-15 所示。

2) 更换空调熔丝后故障排除，测量正常空调熔丝导通阻值，如图 5-16 所示。

图 5-14　充配电总成的空调熔丝位置

图 5-15　空调熔丝测量图　　　　图 5-16　正常空调熔丝导通阻值

二、间歇性不制冷类故障

间歇性不制冷首先要确认系统是否出现了功能性保护，确认系统静态、动态压力（如果压力异常需要确认冷却风扇工作状态以及冷凝器散热情况）。在不制冷前对应的功率、IPM 温度、压力以及转速是否存在异常。如果系统没有存在保护状态，但是在不制冷时（确认制冷前的制冷条件是否满足），电动压缩机内部 IPM 温度以及转速若存在异常需要更换电动压缩机总成。

三、电动压缩机异响类故障

在电动压缩机工作时产生"咕噜"的响声时，确认电动压缩机内部冷冻油是否污染，若污染则需要更换全套制冷系统套件。如果无污染检查电动压缩机固定螺栓是否松动导致异响，制冷剂管路是否与其他部件摩擦导致异响。

四、泄漏类故障

泄漏类故障说的是制冷管路或电动压缩机泄漏导致制冷系统无制冷压力，进而导致车辆无法制冷，检修方法和传统燃油车型相同，在这里不再赘述。

五、绝缘（漏电）类故障

电动压缩机一旦漏电后车辆无法上电，如果在行驶中出现漏电将会导致车辆异常下电。检修方法可以参照本书相关内容，在本小节主要介绍使用福禄克绝缘数字兆欧表检测电动压缩机的绝缘性能。如图 5-17 所示为测量电动压缩机绝缘阻值，正常绝缘阻值应大于 $10M\Omega$。测量方法：将高压直流母线正负极短接，将低压线束连接在一起，并接在压缩机壳体上，使用数字兆欧表给高压电缆和电动压缩机壳之间施加 DC 500V 的电压，持续 1min，等待数字兆欧表的数据稳定后，查看其绝缘阻值。

如果使用绝缘耐压测试仪做绝缘耐压测试，测试方法是：将高压直流母线正负极短接，将低压线束连接在一起，并接在压缩机壳体上，使用耐压测试仪给高压电缆和电动压缩机壳之间施加 AC 2200V（50~60Hz）的电压，持续 1min，测试其电流数据，正常漏电电流数据应小于 5mA，如图 5-18 所示为使用绝缘耐压测试仪测试漏电电流。

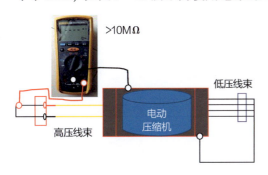

图 5-17　测量电动压缩机绝缘电阻值

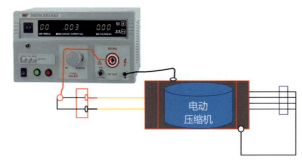

图 5-18　使用绝缘耐压测试仪测试漏电电流

第二节　PTC 加热系统故障诊断检修技巧

电动汽车电加热系统，简称 PTC 系统，在电动汽车/混合动力汽车上 PTC 分为两种系统，分别是风加热系统和水加热系统。在传统燃油车型暖风芯体位置上安装了 PTC 风加热模块系统，加热后的 PTC 通过鼓风机将热量通过管道输送到乘员舱，达到了取暖效果，风加热系统模块如图 5-19 所示。

水加热 PTC 加热元件为加热芯，通过加热防冻液，利用暖风芯体向车内提供暖风，暖风柔和舒适，温度稳定适中，使用安全，节能高效，水加热 PTC 加热模块外观图如图 5-20 所示。

图 5-19　风加热系统模块

图 5-20　水加热 PTC 加热模块外观图

一、PTC 加热系统故障模式

1. 通信类故障及诊断方法

当出现通信类故障时，首先确认低压侧输入电源、接地线是否正常，如图 5-21 所示为测量 PTC 水加热系统，打开点火开关测量 PTC 低压线束端供电和接地端子。

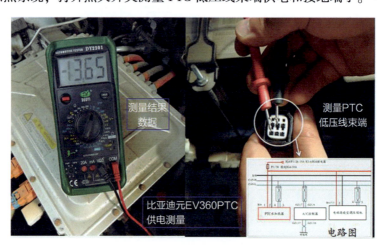

图 5-21　测量 PTC 水加热系统

测量 CAN 通信线路，用万用表测试 CAN-H、CAN-L 对整车地线的电压。正常电压范围应为：CAN-H 的电压 2.5~3.5V，CAN-L 的电压 1.5~2.5V，如图 5-22 所示为测量 CAN 的电压范围。

如果测量线束端的 CAN 电压正常后，将线束插上从背面测试 CAN-H、CAN-L 的电压，如果 CAN 的两根任意线变为 0V，需要更换 PTC，如果电压仍旧在合理范围内，但是依然无通信，说明故障点在 PTC 内部，需要更换 PTC。

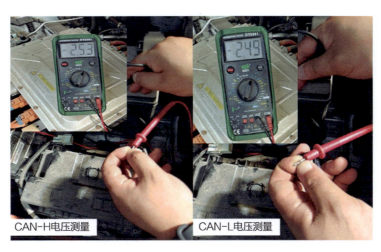

图 5-22 测量 CAN 的电压范围

2. 不制热/制热差类故障及诊断方法

1)将空调开到 HI,确认 PTC 进出水口温度是否上升。
2)通过用手触摸/挤压暖风水管胶管,检查暖风回路是否运行正常。
3)观察水箱排气出水口是否成水柱,如果出来的水断断续续,则需要对暖风回路循环进行排气(挤压胶管和让暖风水路导通)。
4)确认水管管路走向是否正确。
5)检查确认高压线束正负极阻值,正反测量:

正侧值:>1MΩ,稳定值 1.6~1.8MΩ

反侧值:>10kΩ,稳定值 10~70kΩ

(不能作为故障判断依据,只作为参考检测数据)

6)检查确认高压线束正负极二极管档位压降,正反测量。正侧值:无穷大,反侧值:>400mV,如图 5-23 所示为测量高压线束二极管管压降正/反侧测量值。

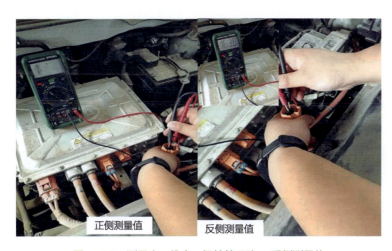

图 5-23 测量高压线束二极管管压降正/反侧测量值

3. 漏电类故障及诊断方法

车辆 PTC 加热模块漏电，如果车辆在上电时出现此类故障，并且是严重漏电故障，车辆将无法上电。如果车辆在行驶中出现严重漏电故障，车辆会出现异常下电。

绝缘测量数据：

绝缘耐压测试数据： >10MΩ

漏电电流测试： <5mA

测量方法：将高压直流母线正负极短接，将低压线束连接在一起，并接在 PTC 等电位连接螺柱上，使用数字兆欧表给高压线束和 PTC 加热模块之间施加 DC 500V 的电压，持续 1min，等待数字兆欧表的数据稳定后，查看其绝缘阻值，如图 5-24 所示为 PTC 水加热模块绝缘电阻测量示意图。

如果使用绝缘耐压测试仪做绝缘耐压测试，测试方法是：将高压直流母线正负极短接，将低压线束连接在一起，并接在 PTC 等电位连接螺柱上，使用耐压测试仪给高压线束和 PTC 加热模块之间施加 AC 2200V（50~60Hz）的电压，持续 1min，测试其电流数据，正常漏电电流数据应 <5mA，如图 5-25 所示为使用绝缘耐压测试仪测试漏电电流。

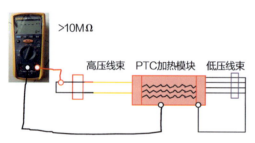

图 5-24　PTC 水加热模块绝缘电阻测量示意图

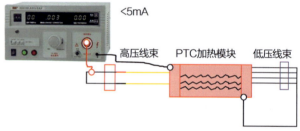

图 5-25　使用绝缘耐压测试仪测试漏电电流

二、案例分析

1. 电动涡旋式空调压缩机故障

故障现象：

某品牌混合动力汽车行驶了 80000km，近期出现空调制冷效果变差。

诊断方法：

启动空调使用冷媒表测试压缩机高压端显示压力偏低，仅为 $7.8kg/cm^2$。通常情况下电动涡旋式空调压缩机输出高压应该达到 $10kg/cm^2$ 以上，测量低压端的压力接近 $5kg/cm^2$，低压端压力较高，低压高、高压低证明压缩机内部故障。为了验证压缩机是否故障，尝试让压缩机吸入符合标准的润滑油后立即启动空调，高压可以达到 $15kg/cm^2$ 的压力，低压可以达到 $2kg/cm^2$ 的压力，压力正常，说明压缩机内部磨损（和传统燃油汽车的压缩机故障判断有所区别），导致密封性变差。

电动涡旋式压缩机的涡旋表面呈曲面形状，对定涡轮与动涡轮之间的密封性要求比较高，由于吸气、压缩、排气均是利用曲面来进行密封，但电动涡旋式压缩机在旋转时，定、动涡轮之间又要保持一定的运动间隙，一旦密封性变差会引起气体制冷剂泄漏，如图 5-26 所示为磨损后的电动涡旋式空调压缩机定、动涡盘。

维修小结：

定涡盘与动涡盘的啮合间隙变大后造成密封不良，同时会出现高压端压力下降，低压端压力升高，所以在检修发现空调电动压缩机产生了不合适的高压和低压气体时，就说明需要更换电动压缩机，同时还会出现冷冻油被污染的情况，一旦冷冻油被污染，建议更换空调制冷系统套件。

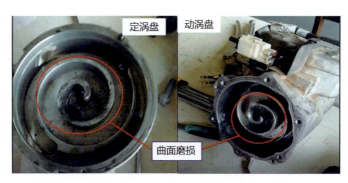

图5-26 磨损后的电动涡旋式空调压缩机定、动涡盘

2. 比亚迪F3 DM汽车空调系统不制冷

故障现象：

一辆比亚迪F3 DM混合动力汽车空调不制冷，压缩机外壳温度较高，但是无运转震动感。读取数据流显示压缩机转速为"0"，如图5-27所示为空调系统数据流截图。

诊断方法：

测试空调压缩机的三相线电阻均为1.2Ω左右，如图5-28所示为测量部位图及电路原理图。

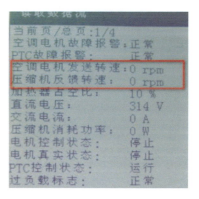

图5-27 空调系统数据流截图

所测电阻值在合理范围内，但是压缩机为什么没有运转声音呢？测量空调驱动器的输入电压为DC 330V，说明高压配电箱通过空调接触器正常工作。测量输入至电机的三相交流电压为AC 330V，符合标准值，因此分析空调驱动器输出电压正常。

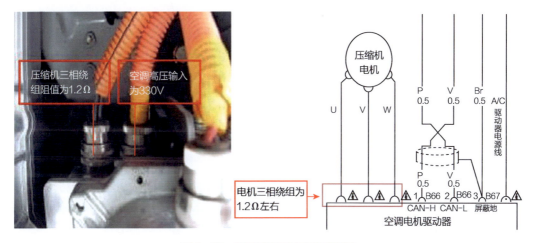

图5-28 测量部位图及电路原理图

检测制冷管路的静态压力，通常静态压力在6.5～7kg/cm²，但实测压力为10.5kg/cm²，如图5-29所示为实测压力异常数据。

根据所测的实测数据，显然问题是制冷剂加注的过多，咨询原因是该车辆在维修时由于维修技师对电动涡旋式空调压缩机工作原理不了解，盲目检修。认为不制冷的根本原因为制冷剂不足，因此在原来的基础上加注了制冷剂。将过多的制冷剂释放到正常范围区间内再次进行测试，压缩机仍旧不能运转。由于测量三相交流电压均在合理范围内，故障点锁定在了电动压缩机内部。更换电动压缩机后故障排除，制冷效果正常。并且更换压缩机并让其工作一段时间后用手摸外壳，温度明显比故障压缩机温度低很多，如图 5-30 所示为更换后的电动压缩机。

图 5-29　实测压力异常数据

图 5-30　更换后的电动压缩机

维修小结：

比亚迪 F3 DM 电动压缩机采用一体化设计，它由三相交流永磁电动机驱动，其电机转子为永磁材料，永磁材料的磁性与工作温度有关，在工作时一旦达到较高温度区间，会使电机转子的磁性减弱，温度越高磁性衰退越严重，从而导致电机的功率下降，空调系统的制冷能力也会下降。如果温度超过了磁性的最高温度，将会使电机转子的磁性完全消失，一旦电机转子的磁性完全消失后，电机将不能工作。这个就可以解释为什么电动压缩机在工作时温度过高的原因，由于电机转子磁性已经基本消失，定子线圈所产生的旋转磁场不能驱动转子工作因而定子线圈会产生一定的温度，如果磁性完全消失时，电机功率下降，电机目标转速与实际转速偏差，电机驱动器会加大电流，定子线圈电流增加，温度升高，但由于电机功率变差，制冷效果变差，压缩机冷却效果也变差，出现恶性循环，最后导致电机不工作。

3. PTC 故障导致预充失败

故障现象：

一辆北京现代悦动纯电动汽车，整车型号为 BH7000BEVBA，行驶里程为 12453km，搭载 320V（SOC 8%～98% 时，电压为 246.4～369.16V）锂离子动力电池和 81.4kW 驱动电机。行驶过程中，仪表台上的电动系统故障灯突然点亮，同时显示"请检查电动系统"、"退出 READY 状态"等提示，如图 5-31 所示，车辆抛锚停驶。

诊断方法：

首先验证故障现象：点火开关电源（OFF-ACC-ON）转换正常，车辆无法启动（不能进入 READY 状态）。用诊断仪扫描各电控系统故障码，动力电池管理系统（BMS）内故障码为：P1B77 逆变器电容器预充电故障，如图 5-32 所示为 BMS 故障码截图。

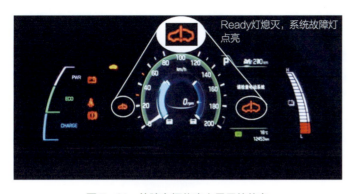
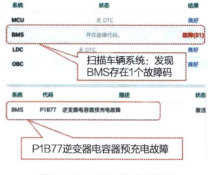

图 5-31 故障车辆仪表上显示的信息　　　　图 5-32 BMS 故障码截图

故障原因：

逆变器电容器预充电故障是如何生成的呢？首先要了解一个技术知识点：在上电过程中（预充电），到达驱动电机控制器高压预充电容的电压没有达到系统中的数值，驱动电机控制器通过 CAN 线向 BMS 发送预充电压不合格的报文，BMS 切断接触器，并且 BMS 储存相应故障码。下面针对此故障再次诉述以下上电流程的重要性，如图 5-33 所示为上电流程框架图。

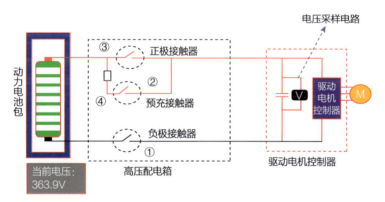

图 5-33 上电流程框架图

上电过程描述：当前动力电池电压为 363.9V，驾驶员开始执行上电流程，第①步骤：BMS 自检完毕后开始控制负极接触器闭合，在预充接触器没有闭合前，如果驱动电机控制器预充电容两端电压等于当前动力电池包的电压时，驱动电机控制器通过 CAN 发送异常电压报文，并且发送给 BMS，BMS 就会储存正极接触器烧结故障码，并且切断负极接触器，上电失败。第②步骤：若第一步正常的情况下，BMS 控制预充接触器闭合，动力电池的正极从动力电池包正极进入到高压配电箱→预充电阻→预充接触器→高压配电箱正极母线输出→驱动电机控制器→高压电容→电容输出→驱动电机控制器负极母线→高压配电箱负极母线→负极接触器→动力电池包负极母线。电容两端的电压缓慢升高，当高压电容两端的电压≥当前动力电池包总电压的 90% 时，驱动电机控制器就认为预充电压合格。例如当前动力电池包的电压为 363.9V，预充电压≥327.5V 时，驱动电机控制器就认为预充电压合格，合格的预充电压通过 CAN 线上报给 BMS，BMS 开始执行下一步流程。若在预充电过程中，BMS 检测到绝缘电阻值小于标准数据，会先切断预充接触器后再切断负极接触器，导致预充失败。再如预充电过程时，预充电容的电压始终未达到当前动力电池包的电压 90% 以上时，就会储存"预充失败"故障码。若预充电压合格进入第③步骤，BMS 控制正极接触器闭合，然后进入第④步骤，断开预充接触器，上电流程失败。

BMS 储存 P1B77 逆变器电容器预充电故障原因分析：负极接触器故障、预充电阻断路、预充接触器故障、驱动电机控制器内部采样电路板故障。

故障诊断：

1) 在诊断时，结合诊断仪进行数据流的读取。首先通过诊断仪读取 BMS 系统获取当前动力电池包电压后进行上电，如图 5-34 所示。在上电瞬间捕捉预充电瞬间电压数据，如图 5-35 所示。

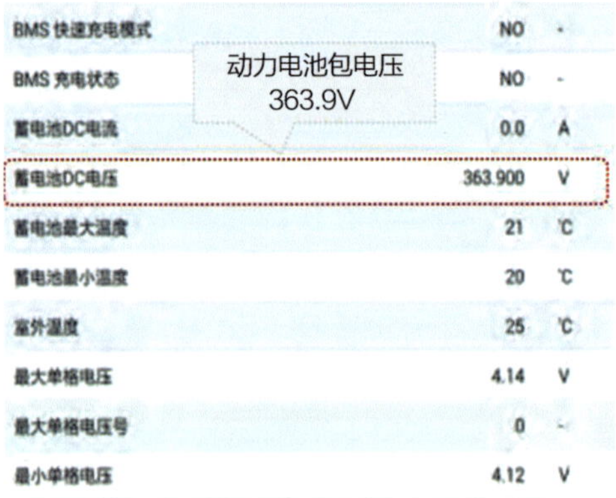

图 5-34　BMS 动力电池包当前电压 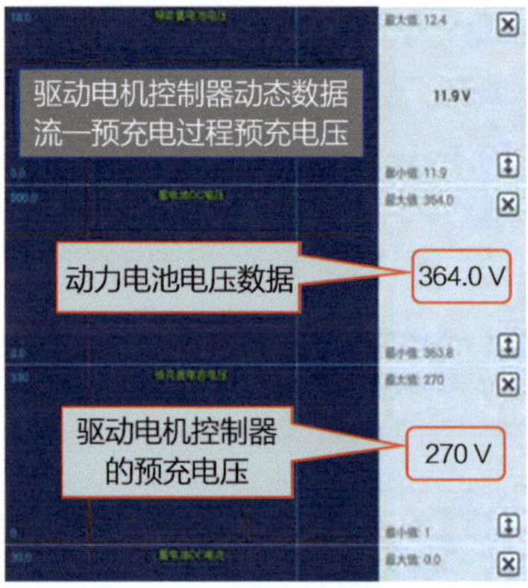　　图 5-35　驱动电机控制器预充电压

2) 根据读取的数据进行对比，分析预充电瞬间电压是否满足预充电压，如果不满足需要检查原因。

3) 如果在预充电过程结束后电压合格，但是绝缘阻值不合格，BMS 会储存"绝缘故障"的故障码。

4) 本案例的故障码显示电容器预充电故障，说明是在预充电结束后预充电压不合格所导致的，因此进入数据流进行分析诊断。

根据动态数据流分析，预充电压与动力电池电压相差 DC 94V，说明预充电压不合格。通过动态异常数据分析故障码成因：该车故障是因为预充电流经过预充电阻时，预充电阻能承受的电流有限，负载电流过大时会降低电压，使得经过预充电阻的高压下降了约 100V，因此系统生成故障码 P1B77。

如图 5-36 所示，当在上电时，除了高压配电箱内部接触器工作以外，其他的高压器件不允许工作。如果在预充电时，图示的高压器件中的电子开关处于闭合状态，在上电过程中，通过预充电阻、预充接触器输出分为两路，一路到达驱动电机控制器高压电容，给预充电容充电，另一路到达高压器件，经过内部电子开关输出至高压器件负载与动力电池包的负极沟通回路，高

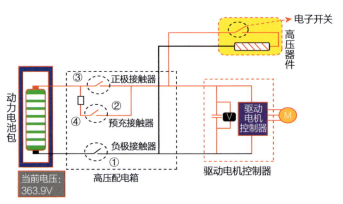

图 5-36　预充电压被拉低示意图

压器件内部负载工作，由于预充电阻与高压器件负载串联，经过预充电阻后的高压电压被拉低，预充电容的电压同时也被拉低，因而出现预充电压不合格。

接下来采用逐个断开高压系统部件的方法进行故障排查。在断开高压配电箱端空调 PTC 加热器模块的高压直流母线时，通过诊断仪进入 BMS 系统进行执行器驱动测试和动态数据分析，如图 5-37 所示为断开 PTC 测试动态数据流，动力电池直流电压 363.9V，属于正常值；预充电流为 0，说明预充电流在 mA 级，恢复正常；换向器电容电压 367V，恢复正常。由此基本断定该车故障是由于空调 PTC 加热器模块故障，消耗了 4.4A 的预充电流所致。

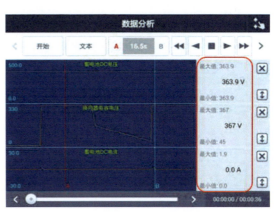

图 5-37　断开 PTC 测试动态数据流

故障验证：

①从高压配电箱端空调 PTC 加热器模块的高压线束连接器处直接测量空调 PTC 加热器模块电阻，为 181.9Ω（图 5-38），说明空调 PTC 加热器模块内部存在短路现象，持续消耗较大电流。正常情况下拔下高压配电箱插接件，测量线束端，用万用表电阻档位测量，正测应大于 1MΩ，反侧应在 10kΩ 以上。但是测量的加热模块电阻数据为 181.9Ω，说明 PTC 加热模块内部 IGBT 模块短路。

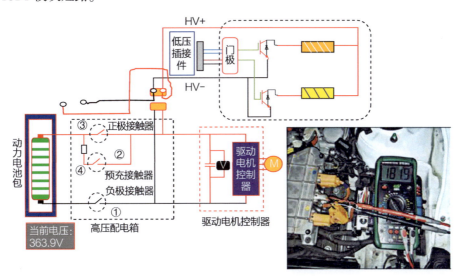

图 5-38　测量 PTC 电阻示意图

②上电验证技巧，拔下高压配电箱至 PTC 加热器模块高压线束，短接插座端的互锁线，上电测试，上电成功，说明故障为 PTC 加热器模块内部短路，如图 5-39 所示。

空调 PTC 加热器模块安装在仪表台内部的暖风箱内。为了进一步检测，又拆解了空调 PTC 加热器模块外壳，对空调 PTC 加热器模块电路进行测量。在测量其中的一个场效应管（IGBT）时发现，G（栅极）、C（集电极）、E（发射极）任意管脚之间的电阻值均在 3Ω 左右（图 5-40），说明该 IGBT 模块内部短路，导致空调 PTC 加热器模块消耗了 4.4A 的预充电流，并产生 P1B77 故障码。

PTC 加热器模块内部 IGBT 故障件位置如图 5-41 所示。

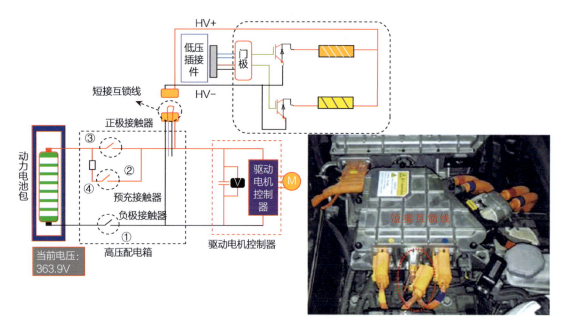

图 5-39　短接互锁线后上电测试故障排除

图 5-40　IGBT 模块内部短路

图 5-41　PTC 加热器模块内部 IGBT 故障件位置

故障排除：

更换 PTC 加热器模块后故障排除。

故障小结：

车辆在上电过程时，上电条件需要满足，如果某一条件不满足则会出现上电失败，车辆无法行驶。所以当车辆出现故障时应结合故障现象、诊断设备、结构原理、故障码生成原因进行分析。

电动汽车采用预充电路给驱动电机控制器（即逆变器）的大电容充电，以减少主继电器接触时火花拉弧，降低冲击，增加安全性。因此预充电环节非常重要，在这个环节中如果预充电压不合格，将会出现预充失败的故障码。

4. 2014 款比亚迪秦 DM 混合动力汽车电动压缩机漏电

故障现象：

上 OK 电，电量 83%，自动切换到 HEV，发动机启动，无法使用 EV 模式，动力系统故障灯亮，仪表提示请检查动力系统，如图 5-42 所示为组合仪表故障信息图。

图 5-42　组合仪表故障信息图

诊断方法：

1) 仪表 OK 灯亮，无法使用 EV 模式，诊断仪读取高压 BMS 报漏电故障。清除故障码，重新上 ON 档电。诊断仪读取高压 BMS 数据流显示 4 个分压接触器吸合（动力电池漏电或异常时断开），读取 BMS 系统无漏电故障码，排除动力电池包漏电，如图 5-43 所示为 BMS 数据流分压接触器状态。

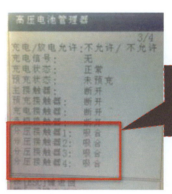

图 5-43　BMS 数据流分压接触器状态

2) 踩下制动踏板上 OK 电，仪表提示请检查动力系统，高压 BMS 报：P1A0000 严重漏电故障，P1A0100 一般漏电故障，清除故障码，重新上 OK 电，故障码再现。确认因漏电故障无法使用 EV 模式。上 OK 电报漏电故障，判断动力电池包以外的高压模块存在漏电风险（上 OK 电报漏电故障时，高压 BMS 动力电池管理器中数据流显示 4 个分压接触器断开，正常应该吸合），如图 5-44 所示为漏电故障码及漏电数据状态图。

3) OFF 档，断开低压蓄电池负极，穿戴好防护设备，断开紧急维修开关，逐个断开各高压模块（除动力电池包外），每次断开一个高压模块后装上紧急维修开关，上 OK 电测试是否存在漏电故障。当拔掉电动压缩机高压线束输入插头后，上电 OK 不再报漏电故障，EV 和 HEV 模式可以相互转换，再装回电动压缩机插头，BMS 报漏电故障，无法使用 EV 模式。

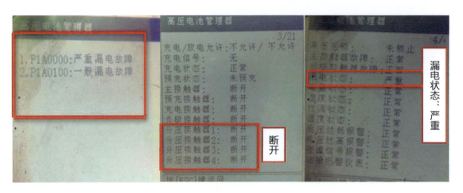

图 5-44 漏电故障码及漏电数据状态图

4)经检查为压缩机高压线磨损漏电,由于高压线与压缩机为一体设计,因此更换电动压缩机后故障排除,如图 5-45 所示为电动压缩机橙色线束磨损。

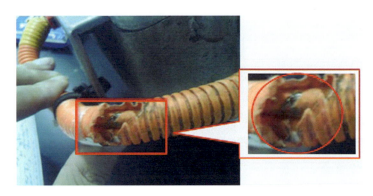

图 5-45 电动压缩机橙色线束磨损

维修小结:

高压系统报漏电故障时,要确认是 ON 档电报漏电故障,还是 OK 档电报漏电故障。整车所有高压模块、橙色线束、漏电传感器及连接线束故障时均有可能报漏电故障,请参考以下方法检查漏电故障,如图 5-46 所示为高压系统漏电检测原理图。

高压系统漏电检测原理图:当高压系统漏电时,漏电传感器发出一个信号给动力电池管理器,动力电池管理器检测到漏电信号后,禁止充、放电并报警。

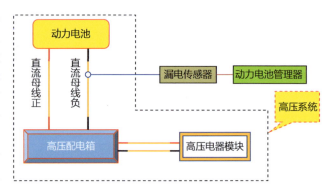

图 5-46 高压系统漏电检测原理图

漏电传感器:检测动力电池包负极及与其相连接的高压模块与车身底盘之间的绝缘电阻,来判断动力电池包的漏电程度。

当高压 BMS 报漏电故障时,先初步排除漏电传感器线路异常,再确认是 ON 档电报漏电故障,还是 OK 档电报漏电故障,参考电路图如图 5-47 所示。

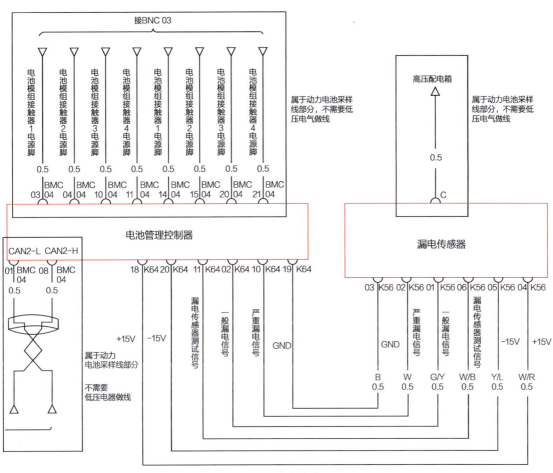

图5-47 参考电路图

如果ON档电报漏电故障,初步判断为动力电池包漏电。具体哪个动力电池模组漏电,根据以下流程检查,如图5-48所示。

动力电池包漏电诊断技巧:

OFF档,拔掉8#动力电池模组接触器插接件,再上ON电,诊断仪读取系统故障:如果不漏电,判断8#、9#、10#动力电池模组漏电(根据经验8#动力电池模组故障率高);如果漏电,则排除8#、9#、10#动力电池模组故障,需检查1#-7#动力电池模组。

OFF档,拔掉6#动力电池模组接触器插接件,再上ON电,诊断仪读取系统故障:如果不漏电,判断6#、7#动力电池模组漏电(根据经验6#动力电池模组故障率高);如果漏电,则排除6#、7#动力电池模组故障,需检查1#-5#动力电池模组。

OFF档,拔掉4#动力电池模组接触器插接件,再上ON电,诊断仪读取系统故障:如果

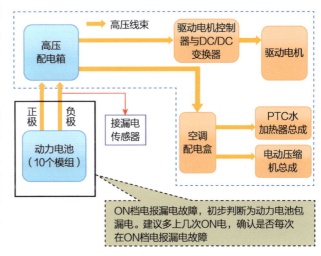

图5-48 ON档电动力电池包漏电示意图

不漏电，判断4#、5#动力电池模组漏电（根据经验4#动力电池模组故障率高）；如果漏电，则排除4#、5#动力电池模组故障，需检查1#-3#动力电池模组。

OFF档，拔掉2#动力电池模组接触器插接件，再上ON电，诊断仪读取系统故障：如果不漏电，判断2#、3#动力电池模组漏电（根据经验2#动力电池模组故障率高）；如果漏电，则排除2#、3#动力电池模组故障，判定1#动力电池模组漏电。

动力电池模组接触器位置图如图5-49所示。

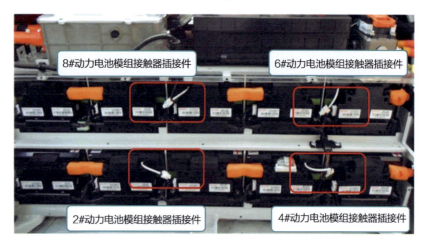

图5-49 动力电池模组接触器位置图

如果上OK电报漏电故障，初步判断为动力电池包以外的高压模块漏电，具体哪个高压模块漏电，根据以下流程检查，如图5-50所示为OK档电外部高压部件漏电。

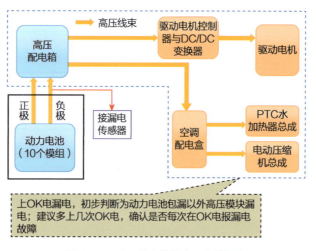

图5-50 OK档电外部高压部件漏电

诊断技巧：

OFF档，断开紧急维修开关，再断开电动压缩机高压线束插头，装上紧急维修开关，上OK电，诊断仪读取系统故障：如果不漏电，判断电动压缩机漏电；如果漏电，判断电动压缩机正常，继续断开其他高压模块。

OFF档，断开紧急维修开关，再断开PTC高压线束插头，装上紧急维修开关，上OK电，诊断仪读取系统故障：如果不漏电，判断PTC漏电；如果漏电，判断PTC正常，继续断开其他高压模块。

　　OFF 档，断开紧急维修开关，再断开空调配电盒输入端高压线束插头，装上紧急维修开关，上 OK 电，诊断仪读取系统故障：如果不漏电，判断空调配电盒及线束漏电；如果漏电，判断 PTC 及线束正常，继续断开其他高压模块。

　　按照以上方法，依次断开剩余高压模块，逐个判断哪个模块漏电或哪条高压线束漏电。判定一个高压模块或高压线束漏电时，尽量再将高压模块或线束插头插上去确认故障是否再现，避免误判。

　　技术小贴士：

　　每次断开带高压互锁的高压部件后，需要先短接高压模块端互锁开关，再上 OK 电判断漏电情况。

　　注意：

　　在维修高压器件时，必须采取绝缘保护措施！